국어 공부가 쉬워지는
고사성어

국어 공부가 쉬워지는 고사성어

초판 제1쇄 발행일 2017년 8월 25일
초판 제2쇄 발행일 2019년 7월 5일
글 손은주 그림 조선경
발행인 이원주 발행처 ㈜시공사 주소 서울시 서초구 사임당로 82
전화 영업 2046-2800 편집 2046-2821~9
인터넷 홈페이지 www.sigongjunior.com

ⓒ 손은주, 조선경, 2017

이 책의 출판권은 ㈜시공사에 있습니다.
저작권법에 의해 보호를 받는 저작물이므로, 무단 전재와 무단 복제를 금합니다.

ISBN 978-89-527-8590-9 73710

시공주니어 홈페이지 회원으로 가입하시면 다양한 혜택이 주어집니다.
잘못 만들어진 책은 구입하신 서점에서 바꾸어 드립니다.

KC마크는 이 제품이 공통안전기준에 적합하였음을 의미합니다.
제조국 : 대한민국 사용 연령 : 8세 이상
주의 사항 : 책장에 손이 베이지 않게, 모서리에 다치지 않게 주의하세요.

국어 공부가 쉬워지는 고사성어

손은주 글 | 조선경 그림

시공주니어

| 작가의 말 |

깊이 있는 국어 공부를 위해
꼭 필요한 고사성어

　《사자성어로 만나는 네 글자 세상》이 그동안 많은 사랑을 받아 왔고 이제, 개정판이 나오게 되니 기쁘고 감사합니다. 그만큼 요즘 어린이들이 책을 많이 읽고 글쓰기와 말하기 실력을 키우기 위해 노력하고 있다는 것을 알 수 있지요.

　그 어느 때보다 책 읽기와 글쓰기를 비롯한 국어 공부가 중요한 시대입니다. 이 책을 읽고 있는 여러분들도 많은 책을 읽고 있겠지요? 책을 많이 읽으면 글쓰기와 말하기 실력을 키우는 데 도움이 되고 감성도 풍부해져요. 그런데 무턱대고 책을 많이 읽는 것보다는 글 속의 정확한 메시지가 무엇인지 파악하면서 읽는 것이 더 중요해요. 그래야 공부에도 도움이 되고, 생각하는 힘도 키울 수 있으니까요.

　그렇다면 책을 많이 읽으면 되지, 왜 고사성어를 따로 공부해야 할까요? 고사성어는 옛이야기에서 유래한, 한자로 이루어진 말을 뜻해요. 두세 글자로 되어 있거나 글자 수가 많은 경우도 있지만 보통 네 글자로 이루어져 있고, 짧은 말 안에 함축적인 내용을 담고 있지요. 고사성어는 책을 읽을 때 내용을 정확하게 이해하거나, 깊이 있는 생각과 폭넓은 감성을 표현할 때 꼭 필요하답니다. 고사성어 속에 다른 말로 표현할 수 없는 정확한 메시지를 담을 수 있고, 긴 설명 없이도 깊은 의미를 전달할 수 있기 때문이에요. 예를 들어 볼까요? '어려운 가운데 공부를 열심히 했다.'라는 말과 '형설지공으로 공부했다.'라는 말을 비교해 보세요. 여기서 형설지공은 반딧불과 눈빛으로 글을 읽으며 어려운 환경 속에서 공부하는 것을 말해요. 이처럼 뜻을 알고 나면, 고사성어로 표현했을 때 의미가 훨씬 깊고 뚜렷해진다는 걸 알 수 있을 거예요.

글을 쓰거나 자기 생각을 말할 때 전달하고자 하는 내용을 정확하게 표현하는 친구는 참 멋져 보이지요. 핵심을 제대로 파악하고 그것을 분명하게 표현할 수 있는 능력도 고사성어를 통해 기를 수 있답니다. 책을 읽을 때도 고사성어를 통해 내용을 이해하면 의미가 사진을 찍듯 선명하게 머릿속에 들어와서, 주제를 확실히 알 수 있어요. 요즘은 글쓰기 능력이 점점 중요해지고 있어요. 글을 잘 쓰기 위해서는 많은 말을 늘어놓지 않고 짧고 간결하게 자기 생각을 표현할 수 있어야 해요. 그런 능력 역시 고사성어를 이해하고 활용하는 것으로 키울 수 있답니다.

이 책 안에는 생활 속에서 많이 쓰이는 고사성어를 비롯해, 고사성어로 배우는 다양한 지식과 교양이 풍성하게 담겨 있어요. 고사성어로 이루어진 넓고 큰 세상의 문을 하나씩 열어 보세요. 국어 공부에도 자신이 생길 뿐만 아니라, 생각의 틀도 크고 넓어진답니다.

손은주

|차례|

작가의 말_ 4

마음
각골난망(刻骨難忘)_ 10
노심초사(勞心焦思)_ 16
다사다난(多事多難)_ 22
동병상련(同病相憐)_ 28
감개무량(感慨無量)_ 34
각양각색(各樣各色)_ 40

공부
독서삼매(讀書三昧)_ 48
주경야독(晝耕夜讀)_ 54
절차탁마(切磋琢磨)_ 60
우공이산(愚公移山)_ 66
고진감래(苦盡甘來)_ 72
일취월장(日就月將)_ 78

어리석음과 거짓
동문서답(東問西答)_ 86
마이동풍(馬耳東風)_ 92
무용지물(無用之物)_ 98
조삼모사(朝三暮四)_ 104
감언이설(甘言利說)_ 110
침소봉대(針小棒大)_ 116
기인지우(杞人之憂)_ 122
표리부동(表裏不同)_ 128

행동

임기응변(臨機應變) _ 136
개과천선(改過遷善) _ 142
거두절미(去頭截尾) _ 148
결자해지(結者解之) _ 154
경거망동(輕擧妄動) _ 160
고군분투(孤軍奮鬪) _ 166
명명백백(明明白白) _ 172

친구

관포지교(管鮑之交) _ 180
죽마고우(竹馬故友) _ 186
지란지교(芝蘭之交) _ 192
붕우유신(朋友有信) _ 198

경쟁과 리더십

난형난제(難兄難弟) _ 206
막상막하(莫上莫下) _ 212
타산지석(他山之石) _ 218
과유불급(過猶不及) _ 224

속담과 고사성어 _ 230

마음

"나한테 미술 준비물을 나눠 주느라 자기 작품을 제대로 만들지
못했던 영석이에게 마음속 깊이 고마워하고 있어요."

"시험 성적이 나쁘다고 엄마에게 심한 꾸중을 들었을 때는
미안한 생각보다 엄마를 원망하는 마음이 더 컸어요."

"은숙이는 나와 둘도 없는 단짝이지만
예쁜 그 애랑 함께 다니면 비교가
되는 것 같아 미운 마음이 생겨요."

우리 마음은 조금 기쁘기도 하고 아주 많이 기쁘기도 하고,
약간 슬프기도 하고 엄청나게 괴롭기도 하고,
또 기쁘면서도 슬프기도 하는 등
여러 가지 마음이 동시에 들기도 하지요.
우리의 마음은 변덕쟁이처럼 이랬다저랬다 합니다.
이처럼 다양한 우리 마음을 고사성어로 표현할 수 있어요.
마음을 어떻게 표현해야 할지 모를 때
딱 맞는 고사성어를 찾아내 보세요.
나도 잘 몰랐던 내 마음속 이야기가 고사성어에 잘 담겨 있을 거예요.

마음을 나타내는 고사성어

각골난망 (刻骨難忘)

노심초사 (勞心焦思)

다사다난 (多事多難)

동병상련 (同病相憐)

감개무량 (感慨無量)

각양각색 (各樣各色)

刻骨難忘
새길각 뼈골 어려울난 잊을망

고마움이 마음속에 깊게 새겨져 잊을 수 없음을 뜻한다.

 각골난망

이럴 때 쓰는 거예요!

할머니 은혜가 각골난망한 엄마

 엄마는 결혼하고 나서 다시 대학에 들어갔어요. 원래 전공은 수학이었지만 늘 한의사가 되고 싶은 꿈을 간직하고 있었대요. 하지만 결혼하고 나를 낳고 나니 대학 입시에 다시 도전하는 것은 꿈도 못 꿀 일처럼 보였지요.

 그런데 할머니가 수험생 며느리 뒷바라지를 하겠다고 나선 거예요. 엄마는 그 길로 입시 학원에 등록했고, 할머니는 나를 키우면서 살림도 도맡아 했어요. 엄마가 한의대를 졸업하고 한의사가 되었을 때도 할머니가 제일 좋아했대요. 엄마가 망설일 때 "나이에 시계가 달린 것도 아닌데 늦고 말고가 어디 있니. 하고 싶을 때 하면 되는 거지."라고 했던 할머니 말씀을 엄마는 늘 마음속에 새기고 있답니다.

이럴 땐 쓰지 않아요!

 지선이는 자기 걸 절대 친구들한테 나눠 주는 법이 없는 욕심꾸러기예요. 그런데 오늘은 웬일인지 하트 모양 지우개가 2개 있다면서 나에게 하나를 주지 않겠어요! 나는 정말 각골난망했어요.

 ★ 지우개 하나를 얻었다고 각골난망이라는 표현을 쓰는 것은 적절하지 않아요. 그냥 고마운 마음을 느끼면 되겠지요.

 각골난망

흥부에게 보답한 제비

흥부는 가난하고 힘들게 살았지만 마음씨는 누구보다 착했어요. 하루는 흥부가 다리를 다친 제비를 보게 되었어요. 흥부는 정성스럽게 제비 다리를 치료하고 잘 보살펴 주었어요. 그랬더니 제비는 튼튼해져서 따뜻한 남쪽 나라로 떠났어요. 제비는 자신을 극진하게 보살펴 준 흥부의 은혜가 각골난망했지요.

다음 해 봄이 되자 제비는 은혜를 갚기 위해 박씨를 물고 흥부를 다시 찾아왔어요. 제비가 가져온 박씨는 진귀한 보석들이 가득 든 박이 열리는 특별한 박씨였답니다.

▶ 〈흥부전〉: 〈춘향전〉이나 〈심청전〉처럼 판소리 계열에 속하는 소설로, 〈놀부전〉이라고도 해요. 판소리 여섯 마당의 하나인 〈박타령〉은 〈흥부전〉을 극으로 꾸민 것이지요. 판소리 여섯 마당에는 〈박타령〉 외에 〈심청가〉, 〈적벽가〉, 〈수궁가〉, 〈춘향가〉, 〈가루지기타령〉이 있답니다.

말의 목을 벤 김유신

신라의 장군 김유신은 청년 시절 천관이라는 이름의 기녀와 사랑에 빠졌어요. 김유신은 천관에게 마음을 빼앗겨 매일같이 천관의 집을 찾아갔어요. 김유신이 여자에 빠져 학업을 소홀히 하자 이를 알게 된 어머니는 크게 낙담했어요. 어머니의 꾸지람을 각골난망한 김유신은 다시는 천관을 만나지 않겠다고 맹세했습니다.

그러던 어느 날 김유신은 무술 연습을 마치고 집으로 돌아가던 중 말 위에서 꾸벅꾸벅 졸고 말았어요. 잠에서 깨어 보니 천관의 집 앞이었어요. 말이 익숙한 천관의 집으로 간 것이었지요. 화가 난 김유신은 말의 목을 베었습니다. 학업을 소홀히 하지 않겠다는 자신의 의지를 다지는 행동이었지요.

▶ 김유신(595~673): 가야국의 시조인 김수로왕의 후손으로 15세에 화랑이 되었고, 이후 신라의 장수가 되어 신라군을 이끌었어요. 삼국 통일의 꿈을 갖고 있던 김유신은 소정방이 이끈 당나라 군대와 연합하여 백제를 멸망시키고, 또 고구려를 정벌하는 데 성공했지요. 이후 당나라 군사를 내보내는 데도 힘써, 삼국 통일의 기반을 다졌답니다.

원수는 물에, 은혜는 돌에 새기라

사이좋게 길을 가던 두 사람 사이에 다툼이 생겨 한 사람이 친구에게 뺨을 맞았어요. 그래서 뺨을 맞은 사람이 작은 웅덩이에 이렇게 썼지요. '오늘 내가 가장 사랑하는 친구가 날 때렸다.'라고요. 계속 길을 가다 이 사람이 늪에 빠졌어요. 친구가 온갖 방법을 써서 이 사람을 구해 주었지요. 그러자 이 사람이 다시 바위에다 글을 썼어요. '오늘 내가 가장 사랑하는 친구가 내 목숨을 구해 주었다.'라고요. 그러자 친구가 왜 이번엔 돌에 쓰느냐고 물었어요. 이 사람은 "기분 나쁜 일은 마음에 담아 두지 않고 용서의 물결에 흘려보내고, 은혜는 돌에 새겨 지워지지 않는 것처럼 마음에 깊이 새겨야 하는 거야."라고 대답했어요. 이렇듯 고마운 마음을 깊이 새겨 잊지 않는 것이 각골난망이에요.

부자 노인에게서 배운 부자가 되는 법

다른 사람이 잘사는 것을 늘 부러워하는 한 농부가 있었어요. 어느 날 농부는 그 마을에서 가장 잘사는 노인을 찾아가 부자가 되는 방법을 가르쳐 달라고 했습니다. 노인은 농부에게 깨진 항아리에 물을 채우라고 했어요. 물론 아무리 물을 길어 항아리에 부어도 채울 수 없었습니다. 다음 날, 노인은 깨지지 않은 항아리에 물을 채우라고 했고, 농부는 부지런히 물을 길어다 부어 항아리를 가득 채울 수 있었지요. 부자 노인은 이렇게 말했어요.

"밑 빠진 항아리는 자기가 가진 것을 아끼지 않고 마구 쓰는 사람과 같다네. 부지런히 일하면서 저축하고 아껴 쓰는 사람만이 부자가 될 수 있다네."

부자 노인의 말이 각골난망하여 열심히 일하고 아껴 쓴 농부는 부자가 될 수 있었답니다.

각골난망과 비슷한 말
결초보은

　옛날 중국 진나라 때 위무자라는 사람이 아들 위과에게 유언을 남겼어요. 자신이 죽으면 위과의 새어머니를 자신과 함께 순장(무덤에 함께 묻는 풍습)시켜 달라고 했지요. 그러나 위과는 새어머니를 재혼시켜 주고 행복하게 살게 했어요. 어느 날 전쟁이 일어나 위과가 적군의 칼에 생명이 위태로운 상황이 되었어요. 그때 갑자기 적군이 탄 말이 풀에 걸려 넘어져 위과는 목숨을 건질 수 있었답니다. 그날 위과의 꿈속에 새어머니의 아버지가 나타나 "내 딸을 살려 주어 그 보답으로 내가 풀을 엮어서 적의 말을 넘어지게 해 당신의 목숨을 구했소."라고 말했대요. 이 이야기에서 풀을 엮어서 은혜에 보답한다는 결초보은(結草報恩)이라는 말이 생겨났답니다. 각골난망처럼 은혜가 깊을 때 쓰는 말로, 죽은 뒤에라도 은혜를 잊지 않고 갚는다는 뜻이지요.

勞心焦思

수고로울 **노** 마음 **심** 태울 **초** 생각 **사**

몹시 마음을 쓰고 속을 태운다는 의미이다.

노심초사

이럴 때 쓰는 거예요!

노심초사하는 할머니가 안쓰러워요

　우리 집 식구 중에 내가 제일 좋아하는 막내 삼촌은 할머니가 늦둥이로 낳았어요. 나랑 정말 잘 통하는 멋진 삼촌이지요. 그런데 할머니 눈에는 늘 철없는 막내아들이기만 한가 봐요. 얼마 전 삼촌이 드디어 군대에 갔어요. 입맛이 까다롭고 몸도 약해서 힘든 훈련을 견딜 수 있을지 모르겠다며 할머니는 아직도 눈물지으며 걱정이에요.

　하지만 전 삼촌이 누구보다도 군대 생활을 잘 해내리라고 믿어요. 깡마르고 키만 삐쭉 큰 것 같지만 팔씨름을 해 보면 얼마나 힘이 센대요. 게다가 성격이 좋으니 인기도 많을 것 같아요. 멋진 군복을 입고 씩씩하게 휴가 나올 삼촌이 벌써부터 기다려져요.

이럴 땐 쓰지 않아요!

　엄마가 부엌에서 맛있는 쿠키를 굽고 있어요. 솔솔 풍기는 냄새가 어찌나 고소한지 벌써부터 입안에 군침이 돌아요. 나는 쿠키가 구워지길 노심초사하며 기다리고 있어요.

　★ 노심초사는 마음을 졸이고 걱정을 하는 상태를 표현할 때 쓰는 말이에요. 과자가 빨리 먹고 싶어 기다릴 때는 어울리지 않는 표현이겠죠?

 노심초사

인어 공주 언니들의 안타까운 마음

　인어 공주가 목숨을 구해 준 왕자는 결국 이웃 나라 공주와 결혼하기로 약속했어요. 인어 공주는 왕자와 결혼하지 못하면 물거품이 되어 사라져 버릴 거예요. 인어 공주의 언니들은 노심초사했어요. 그래서 마녀에게 아름다운 머리카락을 주고 칼을 받아 왔어요. 인어 공주가 칼로 왕자를 찌르면 다시 예전처럼 언니들과 행복하게 살 수 있었지요. 그러나 왕자를 사랑한 인어 공주는 왕자를 찌르는 대신 스스로 물거품이 되는 길을 선택했답니다.

▶ **안데르센(1805~1875):** 따뜻하고 인간적인 동화를 많이 쓴 동화 작가이자 소설가예요. 안데르센의 대표적인 작품으로는 〈인어 공주〉, 〈성냥팔이 소녀〉 등이 있지요. 안데르센은 어린이들이 이해하는 동화보다는 어린이들의 생각과 느낌을 자연스럽게 그려 낸 동화를 많이 썼어요. 안데르센의 동화는 전 세계에서 사랑받고 있답니다.

나라를 위해 노심초사한 이순신 장군

이순신 장군이 삼도 수군통제사로 임명되었어요. 언제 왜군이 쳐들어올지 모르는 상황에서 노심초사하며 수군을 훈련시키고 전쟁에 쓸 배를 만들었지요. 그러던 중 모함을 받아 한양으로 불려 가게 되었어요.

이순신 장군을 대신해 수군통제사로 임명된 사람은 원균이었습니다. 원균은 그동안 이순신 장군이 어렵게 정비한 조선 수군과 배 200여 척을 왜군과의 싸움에서 모두 잃고 말았습니다. 그제서야 조정에서는 이순신의 능력을 인정하게 되었습니다.

조정에서는 다시 이순신 장군을 보내 전쟁에 나서게 하였는데 그때 남은 것이라고는 쓸 수 없을 정도로 망가진 배 12척뿐이었습니다. 이순신은 12척의 배와 보잘것없는 군사를 거느리고 명량에서 133척의 배를 가진 왜군과 대결하여 큰 승리를 거두었습니다. 이 싸움이 바로 명량 대첩입니다.

▶ 임진왜란: 조선 시대 1592년에서 1598년까지 우리나라를 두 번이나 침략한 일본과의 싸움을 말해요. 임진왜란이 일어났을 때 가장 큰 활약을 한 사람이 이순신 장군이에요. 이순신 장군은 수많은 해전에서 승리를 거두었지만 노량에서 도망치는 일본군과 싸우다 목숨을 잃고 말았답니다. 이순신 장군의 죽음과 함께 긴 싸움도 끝이 났지요.

위대한 음악가였던 세종 대왕

조선 시대 가장 훌륭한 왕으로 꼽히는 세종 대왕은 정치, 경제, 문화, 모든 면에서 수많은 업적을 남겼어요. 한편으로 세종 대왕은 위대한 음악가이기도 했어요. 세종 대왕은 먹고살기에만 급급한 백성들의 메마른 삶을 안타깝게 생각했어요. 그래서 문화와 예술을 번성시켜 온 백성이 평화롭고 풍요하게 살 수 있게 하기 위해 노심초사 고민했습니다.

그 당시 조선에는 무분별한 중국 문화가 곳곳에 가득했습니다. 그래서 세종 대왕은 먼저 궁중에서부터 우리 문화를 살려야겠다고 결심을 했지요. 세종 대왕은 신하들의 반대에도 불구하고 중국 음악이나 마찬가지였던 궁중 음악을 우리 음악으로 바꾸기로 하였습니다. 또 악기 제작소를 두어 중국 악기 대신에 우리만의 악기를 만들도록 했어요. 그리고 이렇게 말했어요.

"우리나라 음악이 비록 최고가 아니더라도 중국에 비해 부끄러울 것이 없다."

또한 세종 대왕은 작곡에도 많은 관심을 가졌어요. 세종 대왕이 직접 만드는 데 참여한 음악도 여럿 있었는데 종묘 제례 때 쓰는 음악인 〈정대업〉, 〈보태평〉 등은 노래와 춤과 기악이 함께 어우러지는 종합 예술이었어요.

여러 음악적 업적 중에서도 가장 빛나는 것은 역시 악보를 만든 것입니다. 소리의 길이와 높이를 표시하는 방법을 담은 '정간보'라는 악보가 이때 만들어졌지요. 음악을 기록할 수 있어야 백성들에게 널리 알릴 수 있고 후세에까지 제대로 전할 수 있으니까요.

고사성어 하나 더!

노심초사하면서 기다리기, 학수고대

학처럼 목을 길게 빼고 이제나저제나 하면서 기다리는 상태를 학수고대(鶴首苦待)한다고 하지요. 옛날에는 인터넷도 없었고 휴대 전화도 없었으니 사람을 기다리거나 소식을 기다릴 때 얼마나 애가 타는 상황이 많았을까요?

멀리 떠났던 자식이 돌아올 날짜가 다 되어 마을 어귀까지 나가서 노심초사하면서 기다리는 부모님, 전쟁터에 나간 남편이 무사히 돌아오기를 노심초사하며 기다리는 아내……. 학수고대는 멀리서 사람 그림자라도 보일까 목을 길게 빼고 기다리는 간절한 마음을 표현한 말이랍니다.

多事多難

많을 다   일 사   많을 다   어려울 난

여러 가지 일도 많고 어려움도 많다는 의미이다.

 생활속 **다사다난**

이럴 때 쓰는 거예요!

정말 다사다난했던 한 해

　오늘 아빠가 맛있는 초콜릿 케이크를 사 왔어요. 얼마 전 크리스마스에도 먹었는데 또 케이크라니! 오늘은 아빠에게 특별한 날인 게 분명해요. 아빠는 특별한 날엔 늘 케이크나 과자를 한 아름 사 오거든요.

　오늘은 12월의 마지막 날이에요. 올해 아빠는 회사에서 부장으로 승진을 했고, 우린 마당이 있는 넓은 집으로 이사를 했어요. 하지만 큰 걱정거리도 있었답니다. 할아버지가 어려운 수술을 받아 아빠가 매일같이 병원으로 퇴근하기도 했으니까요.

　우리 가족에게 올해는 정말 여러 가지 일이 많았던 해인 것 같아요. 내년에는 나쁜 일은 없고 좋은 일만 있었으면 좋겠어요.

이럴 땐 쓰지 않아요!

　선생님, 오늘 아침은 정말 다사다난했어요. 양치질을 하다가 칫솔을 부러뜨렸고요, 교육 방송을 보는데 엄마가 아침 드라마를 봐야 한다며 채널을 돌려 버리는 거예요. 게다가 밥에선 돌멩이까지 나왔어요.

　★ 표현이 이상하지요? 자신에게 있었던 사소한 일들을 어른에게 말씀드리면서 다사다난이라는 큰 의미를 포함하는 말을 사용하는 건 맞지 않아요.

 다사다난

거울이 가져온 다사다난한 일들

　옛날 어느 시골 마을에 금슬 좋은 부부가 홀어머니를 모시고 살고 있었어요. 어느 날 남편이 서울에 갈 일이 생기자 아내는 돌아오는 길에 참빗을 사 달라고 부탁했지요. 아내는 참빗이 어떻게 생겼는지 모르는 남편에게 밤하늘의 반달처럼 생겼다고 말해 주었답니다.

　서울에서 볼일을 끝낸 남편은 시장에 들러 아내가 부탁한 것을 사려고 하는데 갑자기 이름이 생각나지 않았어요. 마침 하늘에 뜬 보름달을 보고는 저렇게 생긴 걸 달라고 했지요. 주인은 보름달처럼 생긴 동그란 거울을 깨지지 않도록 천에 잘 싸 주었답니다.

　집으로 돌아온 남편은 아내에게 거울을 내밀었고 아내는 그것을 들여다보고는 그만 까무러칠 뻔했답니다. 철석같이 믿었던 남편이 서울에서 웬 젊은 여자

를 데리고 왔으니까요.

　며느리가 울고불고하는 소리에 놀라 달려온 시어머니는 거울을 들여다보고는 아들 편을 들었어요. 이렇게 늙은 할망구를 데려온 걸 보면 필시 불쌍해서 그런 것인데 그런 남편의 마음을 왜 이해하지 못하느냐고 했지요. 그 후로도 조용하던 집안에는 거울 때문에 다사다난한 일들이 많았답니다.

다사다난한 삶을 살았던 안네 프랑크

　제2차 세계 대전 때 독일군은 네덜란드를 점령했어요. 독일의 나치스라는 정당은 그곳의 유대인을 박해했습니다. 암스테르담에서 살고 있던 유대인 안네 가족은 독일군을 피해 은신처에서 살게 되었어요. 2년 동안 숨어 지내며 안네는 일기를 썼어요. 목숨이 위태로운 상황에 처해 있으면서도 꿈과 용기를 잃지 않고 아름다운 글을 썼지요. 안네는 결국 독일군에 발각되어 잡혀갔고, 유대인 수용소에서 언니와 함께 다사다난했던 짧은 생을 마감했답니다.

　안네가 세상을 뜨고 난 뒤 그녀의 일기는 가족 중 유일하게 살아남은 아버지에게 발견되었어요. 안네의 일기는 전 세계에서 번역되었고, 전쟁에 반대하는 평화의 상징으로 여겨지게 되었답니다.

다사다난했던 고갱의 삶

　프랑스의 후기 인상파 화가였던 고갱은 원래 증권 거래소의 직원이었어요. 고갱은 평범한 회사원으로 결혼도 하고 경제적으로도 안정된 생활을 할 수 있었습니다. 그러나 그림에 흥미를 갖기 시작하면서 인상파 화가들의 작품을 수집하기 시작했어요. 그러다 화가 친구들도 사귀게 되었지요. 고갱은 결국 그림에 대한 열정을 참지 못하여 직장을 그만두고 그림 그리는 일에 전념했어요. 생활이 어려워지자 가족과도 이별하게 된 고갱은 도시를 떠나 프랑스 남쪽 아를 지방에서 고흐와 함께 살기도 했습니다.

자신만의 특유한 화법을 표현하던 고갱은 문명 생활이 점점 더 싫어져 남태평양의 타히티섬으로 떠났습니다. 그곳에서 원주민의 건강한 삶과 열대의 밝고 강렬한 색채를 그림으로 남겼지요. 하지만 타히티섬에서도 가난과 고독과 병에 시달리다 거의 영양실조 상태로 다사다난한 삶을 마감했습니다.

짧지만 다사다난한 하루살이의 삶

하루살이는 애벌레 시기까지는 물속에서 살아요. 어른벌레가 되어 밖으로 나와도 짧으면 1시간 남짓, 길어도 2~3일 정도밖에 살지 못한답니다. 아주 짧은 시간이지만 하루살이에게는 많은 일들이 일어나지요.

먼저 허물을 벗으면 등에 날개가 생겨나요. 그런데 날개가 생기면 입이 없어지게 된답니다. 아무것도 먹을 수 없게 되는 거예요. 먹지 못해 기운이 없지만 온 힘을 다해 짝짓기를 하고, 암컷들은 강물 속에 알을 낳고 죽는답니다. 짧은 생애 동안 이렇게 다사다난한 삶을 사는 생물은 없을 거예요.

고사성어 하나 더!

다사다난과 비슷한 말
내우외환

다사다난과 약간 비슷한 말로 내우외환(內憂外患)이 있어요. 안을 뜻하는 내(內)는 개인적이거나 집안의 일과 같은 다소 작은 문제를 말하고, 바깥을 뜻하는 외(外)는 국가적인 문제 같은 큰일을 말하지요.

내우외환은 안팎으로 근심과 어려움이 끊이지 않고 이어진다는 뜻으로 아주 불행할 때 쓰는 말이에요. 힘들고 좋지 않은 일들만 이어지는 상황일 때 쓰는 것이 적절하지요. 하지만 항상 안팎으로 주의를 기울이면 내우외환과 같은 힘든 상황에 놓이지 않을 거예요.

同病相憐
같을 **동** 병 **병** 서로 **상** 불쌍히 여길 **련**

같은 병을 앓는 사람끼리 서로 가엾게 여긴다는 뜻으로
어려운 처지에 있는 사람끼리 서로 동정하고 돕는다는 것을 의미한다.

이럴 때 쓰는 거예요!

지연이와 선생님은 동병상련이래요

　오늘은 공개 수업이 있는 날이에요. 하지만 지연이는 무슨 안 좋은 일이라도 있었는지 내내 시무룩하게 있었어요. 지연이는 어머니가 안 계셔서 대신 할머니가 오셨는데, 어머니가 안 계신다는 게 속상했던 모양이에요.

　공개 수업이 끝나고 지연이가 혼자 멍하니 창밖을 내다보고 있을 때였어요. 선생님이 가만히 다가가더니 지연이의 어깨를 살짝 두드려 주었지요. 그러고는 선생님도 일찍 어머니가 돌아가셔서 어릴 때부터 할머니 손에서 자랐다고 하는 거예요. 지연이랑 선생님이 굉장히 친해진 것 같았어요. 선생님이 지연이에게 더 관심을 가지고 보살펴 주는 게 조금 샘나지만 그래도 참아야겠죠.

이럴 땐 쓰지 않아요!

　민수는 만화광이에요. 만화를 보는 건 물론이고 그리는 것도 좋아하는 게 나랑 똑같답니다. 나와 민수는 동병상련이에요.

　★ 이런 경우에는 동병상련이라고 할 수 없어요. 안타깝고 불행한 처지를 서로 이해하는 마음이 동병상련이거든요. 만화를 좋아하는 취미는 불행이나 아픔이 아니니까 동병상련이라는 표현을 쓸 수 없답니다.

 동병상련

동병상련을 느낀 사자와 멧돼지 이야기

　숲에서 가장 힘이 세다고 소문난 사자와 멧돼지가 있었어요. 둘은 만나기만 하면 서로 먹이를 차지하려고 다투어서 사이가 무척 나빴답니다. 모두들 저러다 둘 중 하나가 죽고 말 거라고 했어요.
　그러던 어느 날 숲에 수많은 독수리 떼가 나타났어요. 독수리들은 사자와 멧돼지가 싸우는 것을 나무 위에서 지켜보았어요. 독수리들은 둘이 심하게 싸워 어느 한쪽이 죽으면 뜯어 먹으려고 호시탐탐 기회를 엿보고 있었지요.
　독수리 떼를 보고 불안에 떨던 사자와 멧돼지는 두려움 때문에 점점 힘도 약해지게 되었지요. 그러다 보니 서로 동병상련을 느끼게 되었어요. 결국 둘은 화해하고 싸움을 멈추었지요. 그리고 힘을 합쳐 서로 돕다 보니 독수리의 위협에 맞서 싸울 용기도 생겼답니다.

사랑의 아픔을 겪은 시인과 작곡가

낭만적인 시들로 유명한 하이네는 평생 동안 사촌인 테레사를 좋아했어요. 하지만 아무도 그 사실을 몰랐어요. 하이네가 세상을 떠난 지 30년이 지나서야 세상에 알려질 정도로 혼자서만 가슴앓이를 했다고 해요. 그래서 하이네의 시는 사랑하는 여인에 대한 멋진 고백의 말과 사랑의 아픔에 대한 절절한 표현들이 많았던 것이지요.

음악가 슈만도 스승의 딸인 클라라를 오랫동안 좋아했어요. 클라라는 슈만의 진실한 마음을 알고 그의 사랑을 받아들였답니다. 하지만 클라라의 아버지는 슈만이 손가락을 다쳐 더 이상 피아니스트로 살아가기 힘들다는 것을 알고 매정하게 둘 사이를 반대했어요. 클라라가 계속 슈만을 만나고 다니자 클라라의 아버지는 미성년자를 유괴했다며 슈만을 고소하는 등 오랫동안 갈등이 계속되었답니다.

오랜 고통의 시간이 지난 뒤에 결국 슈만은 클라라와 결혼했고, 아름다운 가곡집 《시인의 사랑》이 탄생했어요. 이 가곡집은 슈만이 하이네의 시 16편에 곡을 붙인 것이에요. 슈만은 이루어지지 못한 사랑의 아픔에 괴로워했던 하이네에게 동병상련을 느꼈고, 하이네의 시에 곡을 붙이는 일을 계속했습니다.

▶ 하이네(1797~1856)와 슈만(1810~1856): 독일의 낭만파 시인인 하이네는 젊은 시절 실연의 아픔을 담은 시집 《노래의 책》으로 유명해요. 그리고 슈만은 피아노 독주곡과 가곡 작곡에 뛰어나 수많은 작품을 남겼지요. 슈만은 유명한 피아니스트이기도 한 클라라와 결혼한 이후부터 하이네의 시에 곡을 붙여 가곡을 작곡하기 시작했어요. 이 작품들은 슈만의 이름을 알리는 데 큰 역할을 했답니다.

늙은 나무 밑동과 노인의 동병상련

나무 한 그루가 있었어요. 나무에게는 매일같이 놀러 오는 귀여운 소년이 있었습니다. 소년은 매일 나뭇가지에 매달려 놀기도 하고, 열매를 따 먹기도 했어요. 또 술래잡기도 하고, 나무 그늘에서 낮잠도 잤습니다. 소년은 나무를 사랑했어요. 나무는 하루하루가 무척 행복했답니다.

어느덧 소년은 청년이 되었어요. 소년은 더 이상 나무에 매달려 놀거나 그늘에서 낮잠을 자지 않았어요. 소년에게는 다른 친구가 생겼답니다. 나무는 혼자 있는 시간이 많아 외로웠어요.

세월이 흘러 소년은 어른이 되었습니다. 그는 나무를 찾아와 밑동만 남겨 놓고 나무를 베어 갔어요. 그래도 나무는 자신이 소년에게 도움이 된다는 게 행복했답니다. 오랜 시간이 흐르고 노인이 된 소년은 다시 나무를 찾아왔어요. 노인을 향해 나무가 말했어요.

"너에게 줄 거라고는 이제 아무것도 없어. 나는 밑동만 남았거든."

"나는 아무것도 필요하지 않아. 그저 앉아서 편히 쉴 곳이 있었으면 좋겠어."

"앉아서 쉬기에는 늙은 나무 밑동이 최고야. 자, 이리 와서 앉아."

노인은 나무가 시키는 대로 했어요. 나무는 무척 행복했답니다. 그저 조용히 쉴 곳을 찾던 노인은 밑동만 남은 나무에게 동병상련을 느꼈을지도 몰라요.

고사성어 하나 더!

동병상련이란 말은 이렇게 생겨났어요

중국 초나라 때 오자서라는 사람이 있었어요. 오자서는 비무기라는 사람의 모함으로 아버지와 형을 모두 잃었습니다. 복수의 뜻을 품고 오나라로 망명한 뒤 오자서는 백비라는 사람을 만나게 되었어요. 백비 역시 비무기의 모함으로 아버지를 잃고 오나라로 건너왔지요. 두 사람은 동병상련이었습니다.

나중에 백비는 오자서의 추천으로 벼슬길에 올랐으며, 두 사람은 함께 정치를 하게 되었습니다. 《오월춘추》라는 책에 두 사람의 관계를 나타내는 내용이 나오는데 동병상련이라는 말은 여기에서 처음 쓰였지요.

동병상련 동우상구(同病相憐同憂相救)
같은 병을 가진 자끼리 서로 가엾이 여기며,
근심을 같이하여 서로 구하네.

경상지조 상수상비(驚翔之鳥相隨相飛)
놀라서 날아오르는 새 서로 따르며 날고

뇌하지수 인복구류(瀨下之水因復俱流)
여울에 떨어진 물 서로 어울려 다시 함께 흐르네.

感慨無量

느낄 감　슬퍼할 개　없을 무　헤아릴 량

마음속에서 느끼는 감동이나
느낌이 끝을 헤아릴 수 없이 크다는 의미이다.

 감개무량

이럴 때 쓰는 거예요!

신생아실 앞에서 감개무량해진 우리 엄마

 어제 고모가 아기를 낳았어요. 엄마를 따라 병원에 가서 신생아실에 있는 아기를 유리창 너머로 보았어요. 아주 작은 아기들이 누워 있는 신생아실 풍경은 참 신기했어요. 고모가 낳은 아기는 아주 건강한 사내아이였어요.

 그런데 아기를 보던 엄마가 갑자기 눈물을 글썽이는 거예요. 나를 낳았을 때가 생각났나 봐요. 8개월 만에 엄마 배 속에서 나와 버린 나는 인큐베이터에서 한 달이나 있어야 했대요. 몸이 약해서 병을 달고 살아 부모님에게 걱정만 끼치던 내가 이제는 달리기 대장이 되었어요. 운동회 때마다 1등 도장을 꼭 받거든요. 엄마는 내가 이렇게 건강하게 자란 게 정말 감사하대요.

이럴 땐 쓰지 않아요!

 내 동생이 아끼던 장난감 자동차를 잃어버렸어요. 동생과 내가 아무리 찾아도 보이지 않았는데, 엄마가 청소를 하다가 의자 밑에서 찾아 주었어요. 동생은 감개무량한 것 같았어요.

 ★ 기쁜 마음은 충분히 이해할 수 있지만, 감개무량이란 말을 쓸 만큼 감동적인 느낌은 아닌 것 같아요. 감개무량이란 말은 콧등이 조금 시큰해질 정도로 매우 감동적일 때 쓰는 게 좋답니다.

 감개무량

잘못을 뉘우치고 사람이 된 피노키오

제페토 할아버지는 추운 날씨에도 아랑곳하지 않고 자신의 옷을 팔아 피노키오의 책을 사 주었어요. 하지만 피노키오는 나쁜 여우와 고양이의 꾐에 빠져 학교에 가지 않았지요. 할아버지를 실망시키고 거짓말까지 해서 코가 길어진 피노키오는 위험한 상황을 겪으며 잘못을 뉘우치게 되었죠.

그리고 피노키오를 구하려고 나섰다가 고래 배 속에 갇힌 할아버지를 구해 내고 피노키오는 마침내 사람이 되었어요. 제페토 할아버지는 사람이 된 피노키오의 모습을 보고 말로 다할 수 없이 감개무량했답니다.

크림의 천사 나이팅게일

부러울 것 없이 부유한 가정에서 태어나 행복하게 살았던 플로렌스 나이팅게일은 병든 사람을 돕고 싶어 간호학을 공부하기 시작했어요. 어느 날 크림 전쟁의 끔찍한 상황에 관한 기사를 읽고 나이팅게일은 큰 결심을 했습니다. 다른 간호사들을 설득해 전쟁터에 설치한 야전 병원 근무를 지원한 것이지요. 나이팅게일은 그곳에서 부상당한 군인들을 정성을 다해 간호했어요. 나이팅게일이 오기 전에는 부상당한 군인들 100명 중 40여 명이 죽었지만, 이후에는 정성스런 간호로 대부분 회복할 수 있었답니다. 그래서 나이팅게일은 '크림의 천사'라고 불리게 되었고, 많은 사람들에게 감동을 주었지요.

1860년에는 많은 사람들이 낸 성금으로 영국 런던에 '나이팅게일 학교'라는 간호 학교가 세워지게 되었습니다. 희생과 봉사 정신을 가진 많은 학생들이 이 학교에 지원했고 나이팅게일은 말할 수 없이 감개무량했지요.

나이팅게일은 그 후로도 많은 환자들을 돌보았고 자신의 간호 지식을 책으로 펴냈답니다.

친구들의 우정에 감개무량한 나리

백혈병으로 머리카락이 많이 빠진 나리는 우울했어요. 오래 입원해 있어야 하는 것보다 머리카락이 빠진 자신의 모습이 더 속상했거든요. 어제도 병문안을 온 친구들은 그냥 돌아가야 했어요. 나리가 자신의 모습을 보여 주기 싫다며 만나려 하지 않았거든요.

다시는 찾아오지 않을 줄 알았던 친구들이 오늘 또 왔어요. 엄마가 병실 문을 열자 나리의 반 친구들인 은하와 요한이, 하얀이, 정우, 현지, 두석이가 와 있었어요. 나리는 친구들을 들여보내지 말라고 소리쳤지요.

엄마가 당황해하는 사이 친구들이 병실로 성큼성큼 들어와 버렸어요. 그런데 친구들의 모습을 본 나리는 깜짝 놀랐어요. 병실로 들어와 모자를 벗은 친구들이 모두 머리를 박박 밀고 까까머리가 되어 있는 게 아니겠어요?

"나리야. 우리 반 멋쟁이인 네가 머리 모양을 까까머리로 바꿨대서 우리도 따라 해 본 거야. 어때, 잘 어울려?"

나리는 말할 수 없이 감개무량하여 친구들의 얼굴을 쳐다볼 수조차 없었어요. 나리의 마음이 상할까 자신들의 머리도 박박 깎아 버린 친구들의 우정을 생각하니 자신은 더없이 행복한 아이라는 생각이 들었답니다.

무용 공연을 보고 감개무량한 그레이엄

그레이엄은 열일곱 살의 어느 날 세인트 데니스라는 무용가의 공연을 관람하게 되었습니다. 여신의 복장으로 나타나 홀로 무대를 휘어잡는 매혹적인 세인트 데니스의 모습이 너무나 감동적이었지요. 그레이엄은 "그 순간 내 운명은 결정되었다."라고 하며 평생 그 공연을 회상할 때마다 감개무량해했답니다.

스물두 살 때 세인트 데니스가 설립한 무용 학교에 입학한 그레이엄은 늦은 밤까지 연습을 계속했고 어려운 기술도 빠르게 익혀 나갔지요. "내가 무용을 선택한 것이 아니라 무용이 나를 선택했다."라고 말할 정도로 오직 무용만을 위한 일생을 보낸 그레이엄은 현대 무용을 대표하는 인물이 되었답니다.

고사성어 하나 더!

감개무량과
비슷한 말은 찾기 힘들어요

감개무량은 비슷한 말도 찾기 힘들지만 반대가 되는 말을 찾기도 힘들어요. '마음에서 느끼는 감동이나 느낌이 사무쳐 끝이 없을 정도이다.'라는 깊은 의미를 단지 네 글자로 표현할 수 있다는 것은 정말 대단한 것 같아요.

감개무량은 두 글자를 따로 떼어 쓸 수도 있답니다. '감개가 무량하다.'라고요. 감개는 혼자 쓰이기도 하는데 어떤 감동이나 느낌이 마음속 깊은 곳에서부터 나올 때 그 느낌을 나타내지요. 그래서 '감개가 어리다, 감개가 끓어오르다, 감개가 많다.' 등으로 쓰이지요.

各樣各色
각각 **각**　모양 **양**　각각 **각**　빛 **색**

각각 서로 다른 여러 가지 모양과 색깔이라는 뜻으로 사람마다 각각 다르다는 것을 의미한다.

 각양각색

이럴 때 쓰는 거예요!

4학년 1반은 각양각색

오늘 음악 시간에는 우리 반 반가를 만들기로 했어요. 글짓기 솜씨가 좋은 예진이는 즉석에서 어린이날 노래에 가사만 바꾸어 붙였어요. '오월은 어린이날~.' 대신에 '4학년 1반 최고~.' 이렇게요.

그런데 민수는 대중가요 중에서 좋아하는 노래를 투표로 정하자는 의견을 냈어요. 그러고는 자기가 좋아하는 가수의 노래를 추천했답니다. 하지만 피아노를 잘 치는 은주는 우리가 알고 있는 노래 중에 고르지 말고 아예 작곡을 하자고 했어요. 우리 반 친구들의 의견이 모두 달라서 아무리 회의를 해도 반가를 결정할 수가 없었답니다.

이럴 땐 쓰지 않아요!

대학생인 삼촌은 시간이 날 때마다 운동장에 가서 축구를 하기 때문에 축구를 아주 잘해요. 그뿐만이 아니에요. 수영이나 야구도 얼마나 잘한다고요. 게다가 삼촌의 사진 찍는 솜씨는 정말 최고예요. 삼촌의 취미는 정말 각양각색인 것 같아요.

★ 취미가 다양하다고 표현할 때는 각양각색이라는 표현을 쓰지 않아요. 사람마다 모습이 다른 것처럼 생각이 다르다는 것을 표현할 때 각양각색이라는 말을 쓴답니다.

 각양각색

여우와 두루미의 저녁 식사

길쭉한 부리를 가진 두루미는 여우의 집에 식사 초대를 받았어요. 맛있는 음식이 가득한 진수성찬을 기대하고 갔지만, 두루미는 아무것도 먹을 수가 없었어요. 여우가 준 고소한 수프는 납작한 접시에 담겨 있어서, 두루미의 길쭉한 부리로는 먹을 수가 없었거든요.

속이 상해 집으로 돌아온 두루미가 얼마 뒤 여우를 초대했어요. 아주 길쭉한 유리병에 담긴 수프를 대접하자 여우는 먹을 수 없었지요. 이렇듯 먹는 방법이 각양각색인 동물 친구들은 상대를 먼저 배려해야 사이좋게 지낼 수 있겠지요.

천재들의 각양각색 어린 시절

전 세계의 천재들이 모두 어릴 적부터 똑똑하고 모범적이었을까요? 그렇지 않답니다. 에디슨은 학교 공부를 잘하지 못했어요. 호기심이 많아 자꾸 질문을 늘어놓는 바람에 학교에서 쫓겨나기도 했지요. 유명한 조각가 로댕은 예술 학교에 여러 번 지원했지만 번번이 떨어졌어요.

그러나 퀴리 부인처럼 어렸을 때부터 신동이라고 불린 사람들도 있어요. 서너 살 때부터 천재성을 보인 모차르트도 있지요.

이렇듯 천재들도 어린 시절의 모습은 각양각색입니다. 그러나 어릴 적 문제아로 낙인찍힌 천재들과 신동 소리를 듣던 천재들에겐 모두 한 가지 공통점이 있답니다. 바로 끝없는 호기심을 스스로 해결하기 위해, 또 자신의 재능을 더 갈고닦기 위해 엄청난 노력을 쏟았다는 것이지요.

어린 왕자와 여우의 대화

"세상에서 가장 어려운 일이 뭔지 아니?"

"음, 글쎄요. 돈 버는 일? 밥 먹는 일?"

"세상에서 가장 어려운 일은 사람이 사람의 마음을 얻는 일이야. 각각의 얼굴만큼 다양한 각양각색의 마음을……. 한순간에도 수만 가지 생각이 떠오르는데, 그 바람 같은 마음이 머물게 한다는 건 정말 어려운 일이지."

레오나르도 다빈치의 각양각색 아이디어

〈최후의 만찬〉, 〈모나리자〉를 그린 르네상스 최고의 화가 레오나르도 다빈치를 화가라고만 부른다면 아마 화를 낼지도 몰라요. 다른 화가들과는 달리 레오나르도 다빈치는 자전거, 자동차, 잠수함 등 수백 년 후에나 실현된 아이디어를 매우 구체적으로 설계했지요. 잠자리, 비둘기, 박쥐 등의 비행법을 꼼꼼히 살펴

비행기에 대한 아이디어를 내기도 했답니다. 그 밖에도 인쇄기, 굴삭기, 방적기, 거중기 등을 설계하기도 했고, 물 위를 걸을 수 있는 엉뚱한 신발을 만들기도 했지요.

정말 다빈치는 각양각색의 아이디어를 끊임없이 생각해 내고 또 실행에 옮겼어요. 그중에서 특히 사람들의 관심을 모은 것은 바로 전쟁 무기였지요. 다빈치는 놀랄 만큼 정교한 무기를 설계하기도 했어요. 물론 적군을 많이 죽여서 전쟁에서 승리하는 것에 대해서는 관심이 없었답니다. 단지 새로운 기계의 원리를 알아내는 것에 흥미를 가졌던 것이지요. 다빈치는 수많은 아이디어가 꼼꼼하게 기록된 노트를 남겼는데, 설계도에는 아무나 쉽게 따라 하지 못하도록 교묘한 비밀 장치를 만들어 놓았다고 합니다.

▶ 르네상스: 14세기부터 16세기에 이르기까지 이탈리아를 중심으로 유럽에서 일어난 문화 운동을 르네상스라고 해요. 르네상스란 '재생'이라는 뜻이에요. 이 시기에는 도시가 발달하고 경제가 성장하고 신기술이 발명되었어요. 그러자 문학, 미술, 건축, 자연 과학 등에서 고전적인 학문과 지식을 통해 인간의 참모습을 찾고자 하는 문화 운동이 일어났어요. 르네상스는 유럽 문화의 근대화를 이루는 기초가 되었답니다.

고사성어 하나 더!

각양각색과
바꾸어 쓸 수 있는 말은 많아요

 각양각색은 사람마다 얼굴빛이 각기 다르다는 뜻을 가진 각인각색(各人各色)으로도 바꿔 쓸 수 있어요. 각양각색은 앞뒤 두 글자의 순서를 바꾸어 각색각양이라고 해도 되지요. 형형색색(形形色色), 종종색색(種種色色), 백인백색(百人百色) 등 비슷한 표현도 매우 많답니다. 말도 글도 각양각색이니 그렇겠지요.

 '형제도 하는 짓은 각양각색이다.', '같은 장국이라도 담그는 사람 따라 각양각색.', '노래는 한 노래인데 음은 각양각색이다.'처럼 다양한 상황에서 쓰인답니다.

공부

"학교 숙제, 학원 숙제, 너무 힘들어요. 공부는 누가 만들었을까요?"
"열심히 해도 성적이 오르지 않아요. 나는 머리가 나쁜가 봐요."
"공부도 취미가 있어야 하는 거잖아요. 난 운동을 잘하는데
꼭 공부를 해야 할 필요가 있나요?"
"공부를 잘한다고 꼭 훌륭한 사람이
되는 건 아니라면서도 엄마는
매일 공부하래요."

공부란 끝도 없는 사막을 혼자서 걸어가는 것과 같아요.
열심히 해도 끝이 없는 것 같고, 열심히 하는 것 같지도 않은 친구가
성적이 더 좋으면 정말 공부하기 싫어지지요.
선생님은 왜 꼭 내가 공부하지 않은 부분에서
시험 문제를 내는지 야속한 생각도 들지요.
고사성어 중에는 공부에 관한 것도 많답니다.
어떤 자세로 공부해야 하는지, 자신의 목표를 위해서 어떻게 해야 하는지
고사성어 속에 공부의 비결이 잘 담겨 있답니다.

공부를 나타내는 고사성어

독서삼매 (讀書三昧)

주경야독 (晝耕夜讀)

절차탁마 (切磋琢磨)

우공이산 (愚公移山)

고진감래 (苦盡甘來)

일취월장 (日就月將)

讀書三昧

읽을 독　　글 서　　석 삼　　어두울 매

다른 생각은 하지 않고 오직 책 읽기에만 몰두한다는 의미이다.

 독서삼매

이럴 때 쓰는 거예요!

독서삼매에 빠진 나

 나 같은 덜렁이가 아침부터 저녁 먹을 때까지 하루 종일 책을 붙잡고 있었다면 믿지 못할 거예요. '만화책이겠지.'라고 생각하겠지만, 절대 아니에요. 《네 손가락의 피아니스트》라는 책을 내가 하루 만에 다 읽어 버렸다니까요. 손가락이 네 개밖에 없고 다리도 짧지만 최선을 다해서 피아노를 연습하고 꿈에 다가가는 주인공의 삶이 정말 감동적이었어요.

 "공부하기 싫다, 맛있는 반찬이 없다, 학원 가기 싫다……."

 늘 불평만 늘어놓던 내 모습과 비교하니 정말 부끄러운 생각이 들었어요.

이럴 땐 쓰지 않아요!

 이번 주는 어린이날이 있어서 학교 숙제가 없었어요. 그 대신 하루에 한 권씩 책을 읽고 다음 주 월요일에 발표하기로 했어요. 일요일 저녁, 일주일 내내 실컷 놀기만 한 나는 2시간 만에 7권의 책을 읽었답니다. 정신없이 독서삼매에 빠진 거예요.

 ★ 선생님이 내 준 숙제를 한꺼번에 해치우기 위해 대충 책 읽는 것을 보고 누가 독서삼매라고 하겠어요? 독서삼매는 누가 시켜서 하는 것이 아니라 스스로 책에 푹 빠진 모습을 나타낸답니다.

 이야기 속 **독서삼매**

독서삼매에 빠진 선비

옛날에 매일 글 읽기에 빠져 살던 선비가 있었어요. 하루는 부인이 마당에 곡식을 말리려고 널어놓았으니 혹시 비가 오면 걷어 두라고 신신당부하고 농사일을 하러 나갔어요. 겨우겨우 끼니를 해결하던 형편이니 마당에 널어놓은 곡식은 아주 귀한 것이었답니다.

그러나 장대비가 내리는데도 아랑곳하지 않고 글만 읽던 선비는 부인이 와서 대성통곡을 하는 것을 보고서야 곡식이 비에 다 쓸려 간 것을 알았답니다. 이 일로 부인은 집을 나가 버렸지요.

얼마 후 선비는 과거에서 당당히 장원 급제했어요. 가마를 타고 마을로 들어오는 남편의 당당한 모습을 멀리서 숨어 지켜보던 부인은 눈물을 흘리며 후회했지요. 장원 급제자를 구경하기 위해 나온 사람들은 입을 모아 "곡식이 비에 떠내려가도 모를 정도로 독서삼매에 빠져야 성공할 수 있다."라고 말했답니다.

책 읽기를 강조했던 안중근 의사

 1905년, 일본은 우리나라를 침략해 강제로 을사조약을 맺어 우리의 외교권을 빼앗았어요. 울분을 참지 못한 안중근은 의병을 일으켜 일본군에 대항했지요. 일본군의 우두머리였던 이토 히로부미를 총으로 쏘아 죽이고 "대한민국 만세!"를 외친 안중근은 감옥에 갇혔습니다. 안중근은 사형을 선고받고 감옥에 있으면서도 꿋꿋하게 우리나라와 동양의 평화를 위한 글을 썼어요. 그의 감동적인 글과 서예 솜씨는 소문이 자자했어요. 심지어 일본인들까지 종이와 붓을 감옥으로 갖고 와 글을 써 달라고 부탁할 정도였답니다.

 안중근의 사형 집행 날 집행인이 마지막 소원을 물었습니다. 안중근은 "5분만 시간을 주십시오. 책을 다 읽지 못했습니다."라고 하며 읽고 있던 책을 마저 읽고 세상을 떠났습니다. 죽음 앞에서도 담담히 책을 읽었던 안중근의 의연함은 많은 이들에게 교훈을 남겼습니다. '하루라도 책을 읽지 않으면 입안에 가시가 돋힌다.'는 유명한 말은 바로 안중근 의사가 남긴 말이지요.

책을 빌려 공책에 베껴 쓰고 또 읽은 링컨

　에이브러햄 링컨은 미국의 역대 대통령 중에서 가장 존경받는 인물입니다. '국민의, 국민에 의한, 국민을 위한 정부'라는 명언을 남긴 링컨은 미국뿐만 아니라 전 세계에 큰 영향을 끼쳤지요. "나는 노예가 되고 싶지 않은 것처럼 주인이 되고 싶지도 않다."라고 말하며, 흑인 노예를 해방시키기도 했습니다.

　어린 시절 링컨은 가난 때문에 학교에 다닐 수는 없었지만 책 읽기를 좋아했어요. 그러나 책이 귀하던 시절이고 책을 살 형편도 되지 않아 여기저기서 책을 빌려 읽어야 했답니다. 때로는 책 한 권을 빌리기 위해 몇 시간씩 걷기도 했지요. 또 빌린 책을 공책에 그대로 베껴 써 여러 번 반복해서 읽었어요. 그렇게 독서삼매에 빠져드는 습관은 링컨을 미국의 대통령이 되게 했답니다.

세계적인 부자를 만든 독서 습관

　전 세계에서 손꼽히는 부자로 알려진 워런 버핏은 많은 사람들이 존경하는 인물입니다. 엄청난 부자이지만 아직도 고향인 오마하에서 검소하게 살고 있고, 자선 단체에 많은 재산을 기부했지요.

　워런 버핏은 또래의 친구들이 용돈으로 써 버릴 정도의 적은 돈으로 투자를 시작해서 세계적인 부자가 되었어요. 워런 버핏을 아는 많은 이들은 그의 성공 비결이 독서에 있다고 합니다. 워런 버핏은 독서광으로 유명해, 사업을 시작하기 전에 사업과 관련된 책을 수백 권 읽었을 정도라고 합니다. 워런 버핏은 지금도 책을 읽는 것으로 하루를 시작하고, 또 책을 읽다가 잠이 든다고 해요.

고사성어 하나 더!

독서삼도라는 말도 있어요

　독서삼도(讀書三到)란 책을 읽을 때는 주변에 신경 쓰지 말고 온 정신과 몸을 집중하라는 의미입니다. 여기서 삼도란 심도(心到), 안도(眼到), 구도(口到)를 가리킵니다. 즉 마음, 눈, 입을 함께 집중하여 책을 읽어야 한다는 뜻이지요.

　우리가 더 흔히 쓰는 독서삼매에서 삼매란, 불교에서 나온 말로 수행법의 하나입니다. 마음을 집중하여 다른 모든 것을 초월하는 상태를 의미하지요. 그래서 삼매에 빠지면 벼락이 쳐도 모를 정도라고 합니다.

　독서삼매하거나 독서삼도하여 책을 읽으면 책의 내용이 오랫동안 잊혀지지 않을 거예요. 책을 읽을 때에는 집중해서 읽는 습관을 갖는 게 좋답니다.

晝耕夜讀

낮 **주** 밭갈 **경** 밤 **야** 읽을 **독**

낮에는 농사짓고 밤에는 공부한다는 뜻으로
어려운 환경에서도 꿋꿋이 공부하는 것을 의미한다.

 주경야독

이럴 때 쓰는 거예요!

치킨 배달 아저씨의 주경야독

나는 100점 받기, 내 방 청소하기, 동생에게 동화책 10권 읽어 주기를 하면 상으로 치킨 한 마리를 받는답니다. 치킨도 좋아하지만 매번 우리 집에 배달 오는 아저씨를 볼 수 있어서 좋아요. 내가 좋아하는 가수를 닮았거든요.

어느 날 엄마는 "그 총각이 힘들게 야간 대학을 다니고 있대. 고등학교도 검정고시로 마치고 공부를 그렇게나 열심히 한다더라."라고 했어요. 그러고 보니 지난번에 치킨을 배달해 주고 돌아서며 중얼중얼하던 게 바로 영어 단어였던 것 같아요. 공무원 시험도 준비 중이라는데 정말 대단해 보여요. 엄마는 "배달 아저씨처럼 주경야독하는 사람도 있는데 너는 시험 잘 봤다고 치킨 시켜 달라고 떼를 쓰니?" 하며 치킨을 먹고 있는 나를 핀잔했어요.

이럴 땐 쓰지 않아요!

온종일 컴퓨터 게임에 빠져 있느라 밤 10시가 넘어서야 숙제를 하기 시작했어요. 아, 주경야독하기 정말 힘들어요.

★ 노느라고 공부를 미루어 두었다가 밤늦게 하는 것을 주경야독이라고 할 수는 없어요. 일과 공부를 모두 해야 하는 환경 속에서 늦은 밤까지 공부에 매달리는 것이 바로 주경야독이랍니다.

이야기 속 주경야독

어린 장금의 주경야독 생활

어린 나이에 궁궐에 들어온 장금은 궁궐 안의 온갖 허드렛일을 하는 견습생이었어요. 궁궐 생활은 잠시도 쉴 틈이 없는 나날이었어요. 물 길어오기, 재료 다듬기, 설거지, 잔심부름 등으로 밤이 되면 몸이 천근만근이었지요. 하지만 장금은 바로 잠자리에 들지 않았답니다. 다른 친구들이 모두 잠든 시간에 혼자 책을 읽었어요. 궁녀가 되고 나서는 공부에 더욱 열중했고, 특히 의학 서적을 많이 읽었답니다.

궁중의 음식을 만드는 수라간 궁녀인 장금이 의학 서적을 읽는 데는 이유가 있었어요. 모든 병의 첫 번째 치료 방법은 음식이기에 음식을 만드는 사람은 먼저 의학을 알아야 한다고 생각했던 것이지요. 그리고 먹는 사람의 건강 상태를 판단한 다음 음식을 만들었습니다. 이런 주경야독의 노력 끝에 장금은 의녀가 되어 임금님의 주치의 역할도 하게 되었고, 사람들에게 대장금으로 불리게 되었답니다.

주경야독 곤충 박사 파브르

가난한 농가에서 태어나 별다른 장난감을 가져 보지 못했던 소년 파브르는 주로 곤충을 관찰하며 놀았어요. 곤충을 좋아해서 혼자서 온종일 관찰하곤 했지요. 초등학교를 졸업한 뒤 가난한 집안 형편 때문에 진학을 하지 못한 파브르는 집을 떠나 철도공으로 취직했어요. 철도공 생활이 힘들었지만 파브르는 주경야독으로 공부해 사범 학교를 졸업했지요.

파브르는 선생님이 되어 편히 살 수 있었지만 어린 시절의 꿈을 포기할 수 없었어요. 그래서 선생님을 그만두고 곤충 연구에만 몰두하면서 어린이를 위한 곤충 책을 썼지요. 유명한 《곤충기》라는 책이 자그마치 39년 동안 쓴 책이라니 파브르의 집념이 얼마나 대단한지 알 수 있어요.

▶ 파브르(1823~1915)의 《곤충기》: 프랑스의 곤충학자인 파브르는 곤충의 생태를 자세히 관찰하고 기록하여 10권에 이르는 《곤충기》라는 책을 펴냈어요. 이 책은 곤충에 대한 정보는 물론이고, 문학적으로도 높은 평가를 받고 있답니다.

똥지게 지고 다니던 영어에 미친 소년, 반기문

가난한 집 장남으로 태어나 동생들을 돌보고 농사일도 거들며 학교에 다녔던 한 아이가 있었어요. 온종일 돼지 똥을 지게에 지고 나르느라 늦은 밤에 숙제를 해야 하는 날도 많았답니다. 그래도 이 아이는 공부를 잘하고 싶었어요. 노력만 하면 누구나 잘할 수 있는 것이 공부라고 생각했거든요.

그중에서도 영어를 잘하고 싶었어요. 지금으로부터 몇십 년 전이라 영어 테이

프 하나 없었고 영어 학원은커녕 영어책도 변변하지 않았답니다. 하지만 영어로 된 것은 무엇이나 닥치는 대로 외웠어요. 항상 영어 단어를 중얼거려서 친구들이 '영어에 미친 애'라고 놀리기까지 할 정도였으니까요.

아이는 영어에 조금씩 자신감이 생기자 외교관이 되고 싶다는 꿈이 생겼어요. 똥지게를 지던 아이는 마침내 외교관이 되었고, 유엔 사무총장까지 되었답니다. 바로 반기문 전 총장이지요.

야간 학교에서 꿈을 키우다

가난했던 우리나라가 급격한 경제 성장을 이루어 가던 1970년대는 밤에 공부하는 사람들이 많았어요. 돈을 벌기 위해 서울로 올라온 청년 근로자들은 낮에는 공장에서 일하고 밤에 공부하는 주경야독의 생활을 할 수밖에 없었지요. 이런 사람들을 위해 야간 학교도 많이 생겼어요. 주로 대학생들이 야간 학교에서 돈을 받지 않고 근로자들을 가르쳤답니다.

그 후 우리나라는 눈부신 경제 성장을 이루었습니다. 우리나라의 경제 성장에는 교복 한번 입어 보지 못하고 늦은 밤 비좁은 임시 교실에서 공부하던 한 사람 한 사람의 땀방울이 큰 힘이 되었습니다.

고사성어 하나 더!

주경야독과 비슷한 말
형설지공

　형설지공(螢雪之功)은 반딧불, 눈과 함께하는 노력이라는 뜻이에요. 주경야독처럼 어려운 환경에서 고생을 하면서도 부지런하고 꾸준하게 공부하는 자세를 이르는 말이지요.

　이 말은 진나라의 차윤이라는 사람이 반딧불을 모아 그 불빛으로 글을 읽고, 손강이라는 사람은 겨울밤에 새하얀 눈빛에 비추어 글을 읽었다는 옛이야기에서 유래된 말이랍니다. 등을 밝힐 기름을 살 돈이 없어 반딧불과 새하얀 눈빛으로 공부한 것이지요. 두 사람은 열심히 공부하여 나중에 벼슬을 하게 되었답니다.

切磋琢磨
자를 **절** 갈 **차** 쫄 **탁** 갈 **마**

옥이나 돌 따위를 갈고닦아서 빛을 낸다는 뜻으로
부지런히 학문이나 기술 등을 배우고 닦는다는 것을 의미한다.

 절차탁마

이럴 때 쓰는 거예요!

절차탁마하여 학처럼 날았던 김연아 선수

　나는 정말 내 눈이 의심스러웠어요. 김연아 언니는 경기가 시작되자 공중 연속 3회전을 깔끔하게 성공시켰고 내내 감탄을 자아내게 했어요.

　나는 피겨 스케이팅을 배우고 있어서 그 훈련의 고통을 잘 알아요. 사람들이 박수를 보내는 동작 하나하나에 언니의 땀과 눈물이 배어 있겠지요. 세계 정상에 오르게 한 힘차면서도 부드럽고 화려한 기술은 수없이 많은 실패를 반복하며 갈고닦은 것일 거예요.

　나도 열심히 연습해서 김연아 언니처럼 세계 무대에서 실력을 뽐내는 멋진 피겨 스케이팅 선수가 되고 싶어요.

이럴 땐 쓰지 않아요!

　친구들이랑 거실에서 풍선으로 배구를 했어요. 마침 엄마가 장을 보러 가서 집에 없었거든요. 그런데 풍선을 치려다 넘어지는 바람에 거실의 스탠드를 망가뜨리고 말았어요. 접착제랑 테이프로 절차탁마해서 겨우 붙여 놓았는데 엄마한테 안 들켰으면 좋겠어요.

★ 테이프를 자르고 접착제를 발라 붙인다고 절차탁마라고요? 아니에요. 부지런한 노력을 통해 무엇인가를 완성해 가는 과정을 절차탁마라고 한답니다.

 **절차탁마**

꼬리가 생긴 동물들

원래 모든 동물들은 꼬리가 없었대요. 그래서 말은 파리나 모기가 귀찮게 하면 꼬리를 흔들어 쫓을 수가 없으니 펄쩍펄쩍 뛰며 요란을 떨었어요. 강아지는 주인이 집에 돌아올 때 꼬리를 살랑살랑 흔드는 대신에 멍멍 짖기만 했지요. 그러다 보니 세상이 너무 시끄러웠어요.

동물들은 꼬리가 필요하다고 느끼고 하느님에게 찾아가 사정했답니다. 하느님은 고개를 끄덕이고 절차탁마해서 하나하나 꼬리를 만들어 붙여 주었답니다. 말은 긴 털로 말총을 만들어 달아 주었고, 소는 끝에 털이 달린 꼬리가 어울린다고 했지요. 쥐의 꼬리는 작은 구멍을 잘 빠져나갈 수 있도록 가늘게 만들고, 강아지는 살랑살랑 귀엽게 흔들 수 있는 꼬리를 만들어 주었답니다.

공자와 제자의 대화

자공이 어느 날 스승인 공자에게 물었습니다.

"가난하면서도 아첨하지 않고 부유하면서 교만하지 않다면 괜찮습니까?"

"괜찮다. 그러나 가난해도 도를 즐길 줄 알고, 부유하면서도 예를 즐길 줄 아는 것보다는 못하다."

공자의 이 말은 더 높은 인격의 중요함을 강조한 것이었어요. 그러자 자공이 말했어요.

"《시경》에 아름다운 군자는 옥돌을 자르듯 쪼듯 갈듯 다듬듯 해서 밝게 빛나는 것 같다고 한 말씀이 수양을 더욱 쌓아야 한다는 의미가 아닙니까?"

공자는 흐뭇해하며 말했습니다.

"이제야 너와 더불어 이야기할 수 있겠구나."

그 후로 어떤 일을 할 때 정성을 다하고 최선을 다해 노력하는 것을 '절차탁마'라고 말하게 되었답니다.

정약용과 정약전 형제의 편지

다산 정약용은 실학 사상을 실천한 학자로 유명해요. 무거운 돌을 쉽게 들 수 있는 '거중기'를 고안해 내어 힘을 덜 들이고 수원 화성을 지을 수 있도록 했어요. 또 《목민심서》라는 책을 써서 벼슬아치들이 어떻게 행동해야 하는가에 대한 지침을 세웠지요. 암행어사로 일할 때는 백성들을 괴롭히는 부패한 탐관오리를 적발해 내기도 했습니다.

정약용과 그의 형인 정약전은 오랫동안 귀양살이를 했어요. 힘들고 외로운 귀양살이 중에도 형제는 편지를 주고받으며 학문을 논했지요. 정약용이 정약전에게 보낸 편지 중에는 '몇 해 전에 썼던 글을 다시 보니 갈지 않은 옥이요, 제련하지 않은 광석이요, 아직 찧지 않은 겨 붙은 벼요, 뼈가 나타나지 않은 껍질이요, 아직 굽지 않은 도자기며, 설익은 목수와 같았습니다. 《시경》에 절차탁마해야 한다 했는데 바로 이를 두고 말하는 걸 겁니다.'라는 내용이 있습니다. 높은 학문의 경지에 이른 대학자이면서도 더욱 절차탁마해야 함을 반성한 것이지요.

유럽을 뒤흔든 차붐의 신화

1978년 독일에 도착한 축구 선수 차범근은 한 달 동안 호텔에 머물러야 했습니다. 원래 들어가기로 한 팀에서 계약을 취소하자고 했고 다른 팀에서도 그를 데려가려고 하지 않았거든요.

우여곡절 끝에 입단 시험을 보고 연습 경기에 출전한 차범근은 실력을 발휘했습니다. 그 모습이 여기저기에 알려져 드디어 명문 프랑크푸르트와 계약하게 되었습니다. 동료들의 텃세, 언어의 장벽, 상대 팀의 고의적인 파울로 인한 크고 작은 부상과 인종 차별 등 어려움은 한두 가지가 아니었어요. 그러나 오직 축구만 생각하며 절차탁마하여 마침내 유럽을 들썩이게 한 차붐의 신화를 만들어 냈답니다.

고사성어 하나 더!

절차탁마해서 완성하는 공부

　원래 절차탁마는 여러 가지 도구를 이용해서 하는 것이에요. 톱으로 자르고 줄로 갈고 끌로 쪼며 숫돌에 간다는 뜻이지요. 한 가지를 만들 때에 다양한 방법을 써서 공들여 만든다는 의미인데, 학문이나 수양, 기술, 사업 등 이루고자 하는 목표를 향해 온갖 노력을 기울이며 정진하는 모습을 말하지요.

　중국의 《대학》이라는 책에는 절차탁마에 대해 '자르듯 하고 쓸 듯 하는 것은 학문을 말하는 것이고, 쪼듯 하고 갈 듯 하는 것은 스스로 닦는 일이다.'라고 기록되어 있어요. 공부를 할 때는 이렇게 여러 가지 방법을 통해 끝없이 노력하는 자세가 필요하답니다.

愚公移山

어리석을 **우**   공평할 **공**   옮길 **이**   메 **산**

우공(어리석은 사람)이 산을 옮긴다는 뜻으로
꾸준하게 한 가지 일을 열심히 하면 마침내 이룰 수 있다는 것을 의미한다.

 우공이산

이럴 때 쓰는 거예요!

영어 공부의 비법은 우공이산

　요즘 나는 영어 공부에 푹 빠져 있답니다. 디즈니 애니메이션을 자막 없이도 어느 정도 이해할 수 있고, 쉬운 영어 소설도 읽을 수 있게 되었지요. 미국에서 태어난 사촌 동생 제시카와 주고받는 이메일도 요즘은 점점 길게 쓸 수 있게 되었어요. 그러나 얼마 전까지만 해도 영어 공부가 정말 하기 싫었어요. 외워도 외워도 끝이 없는 단어들, 단어를 알아도 독해가 되지 않는 문장. 매일 공부해도 실력이 느는 것 같지 않아서 이대로라면 아무리 공부해도 유창하게 말할 수 없을 것 같았어요. 하지만 조급해하지 말고 계속 열심히 하다 보면 언젠가 귀가 뚫리고 입이 트이는 순간이 온다고 하셨던 아빠 말씀을 이제 실감할 수 있어요. 이젠 영어 공부가 재미있어요.

이럴 땐 쓰지 않아요!

　친구들 중에서 내가 가장 뒤늦게 메이플 게임을 시작했어요. 우공이산의 마음으로 캐릭터를 꾸미고 방법을 익혔더니 지금은 친구들을 다 제치고 1위가 되었어요.

　★ 게임을 하는 것에 우공이산의 뜻을 빌리는 건 적당하지 않아요. 재미를 추구하는 오락적인 일에 이런 표현을 쓰는 것은 맞지 않답니다.

우공이산

거북이의 우공이산

날쌘 토끼와 느림보 거북이가 달리기 시합을 하게 되었습니다. 출발 신호가 떨어지자마자 저 멀리 달려 나간 토끼를 보며 거북이는 그만 시합을 포기하고 싶었습니다. 그러나 어차피 토끼와 겨루어 이긴다는 것은 불가능한 일인 것을 잘 알기에 거북이는 포기하지 않고 결승점에 도착하는 것을 목표로 삼기로 했지요.

'절대 포기하지 말고 열심히 한 걸음씩 가는 거야.'

거북이는 이렇게 생각하며 한 걸음 한 걸음 쉬지 않고 나아갔지요.

거북이는 오후 늦게야 언덕 꼭대기에 도착할 수 있었어요. 그사이 토끼는 자신의 실력만 믿고 늘어지게 낮잠을 자는 바람에 지고 말았지요. 우승자는 바로 거북이였어요. 거북이는 수없이 포기하고 싶을 만큼 힘들었지만 우공이산의 심정으로 한 발자국씩 나아가 결국 목표를 이룬 자신이 대견했답니다.

헬렌 켈러를 가르친 설리번 선생님

 사람들은 헬렌 켈러를 보고 말하지도 듣지도 보지도 못하는 아이라고 했어요. 그러나 설리번 선생님은 장애로 인해 마음이 닫혀 있는 헬렌 켈러를 가르치겠다고 결심했어요. 그녀 역시 눈이 잘 보이지 않아 맹인 학교를 졸업했거든요. 설리번 선생님은 헬렌이 만질 수도 느낄 수도 있는 아이라는 것에 희망을 걸었습니다.

 설리번 선생님은 헬렌 켈러의 손바닥 위에 수화 알파벳을 써서 가르쳤어요. 매일매일 반복되는 오랜 훈련을 통해 헬렌 켈러는 수화 알파벳으로 사물의 이름을 하나씩 알게 되었답니다. 그런 다음 설리번 선생님은 자신의 목에 헬렌 켈러의 손가락을 대게 한 채 말을 하여 후두의 진동으로 듣는 것을 대신할 수 있게 했지요. 얼마나 많은 노력과 시간이 필요했을까요. 설리번 선생님은 그저 울고 괴로워하기만 하던 작은 소녀를 우공이산의 마음으로 깨우쳐 갔던 것입니다. 마침내 헬렌 켈러는 대학까지 졸업할 수 있게 되었습니다.

 이후 헬렌 켈러는 평생 세계를 돌아다니며 듣지 못하고 말하지 못하고 보지 못하는 사람들을 위해 일했습니다. 또 책을 써서 많은 사람들을 감동시켰습니다. 평생이 걸리더라도 헬렌 켈러에게 읽고 말하고 듣는 방법을 가르치겠다고 결심한 설리번 선생님의 가르침은 더욱 큰 감동을 주었습니다.

▶ 헬렌 켈러(1880~1968): 헬렌 켈러는 태어난 지 얼마 되지 않아 심한 병을 앓은 뒤로 보지도 듣지도 못하게 되었어요. 하지만 6살 때 설리번 선생님을 만나 장애를 극복하고 자신의 처지와 비슷한 사람들의 교육에 힘썼어요. 헬렌 켈러는 《나의 생애》라는 자서전을 비롯해 많은 책도 펴냈답니다.

사막을 숲으로 바꾼 여인

중국에 마오우쑤라는 사막이 있었어요. 이 사막은 중국 황사의 진원지라고 불릴 만큼 척박했답니다. 그런데 이곳에 아름다운 숲이 만들어졌어요. 이 사막 한가운데에 있는 마을로 시집온 인위쩐이라는 여인이 해낸 일이었지요.

우물도 없고 식물도 전혀 없는 척박한 죽음의 땅에는 가난과 외로움만 있었습니다. 많은 사람들이 이곳을 떠났고 마을에는 몇몇 사람들만 남았어요. 인위쩐은 이곳을 떠날 수 없다면 사람이 살 수 있는 곳으로 만들겠다고 결심하게 되었습니다.

인위쩐은 남편과 함께 척박한 땅에 묵묵히 나무를 심기 시작했습니다. 나무가 좀 자랄 만하면 모진 모래바람에 쓰러지기 일쑤였지만 쉬지 않고 노력하여 점점 나무를 키우는 방법도 발전시켜 나갈 수 있었어요. 20년 동안 공들인 끝에 드디어 어마어마한 사막의 땅을 숲으로 바꿀 수 있었습니다.

인위쩐은 이제 중국 사막의 생태 복원에 성공한 유명인이 되었어요. 정부의 관리나 학생들도 그녀의 방법을 배우러 찾아왔답니다. 마을에는 길이 생기고 전기도 들어왔으며, 떠났던 사람들도 하나둘 돌아왔습니다. 조금씩 흙을 파내어 산을 옮긴다는 우공이산의 정신이 척박한 사막을 생명의 땅으로 바꾼 것이지요.

 고사성어 하나 더!

우공이산이라는 말은 이렇게 생겨났어요

　옛날 중국에 우공이라는 아흔 살 먹은 노인이 살고 있었어요. 노인은 태형산과 왕옥산 사이에 살고 있었어요. 큰 산에 가로막혀 있어서 다니기가 불편했던 우공은 산을 평평하게 만들어 길을 내야겠다고 결심했어요. 아내는 말도 안 되는 이야기라고 했지요. 그러나 우공은 세 아들과 손자들을 데리고 돌을 깨고 흙을 파서 나르기 시작했습니다. 그 모습을 보고 비웃는 사람에게 우공은 이렇게 말했습니다.

　"나는 비록 살 날이 얼마 남지 않았으나 내 아들, 그리고 손자, 자자손손 이어서 해 나가면 반드시 산이 평평해 질 것이다."

　우공의 이런 우직함에 감동하여 하느님이 두 개의 산을 옮겨 놓아 주었다는 전설이 지금도 전해진답니다.

苦盡甘來
쓸고 다할진 달감 올래

쓴 것이 다하면 단 것이 온다는 뜻으로
고생 끝에 즐거움이 온다는 것을 의미한다.

생활 속 고진감래

이럴 때 쓰는 거예요!

3킬로그램, 고진감래예요

신체검사를 마친 다음 날 선생님이 나에게 비만 관리 책을 내밀었을 때, 정말 쥐구멍에라도 들어가고 싶었어요. 남자아이들이 키득키득 웃는 소리가 여기저기서 들렸어요. 신체검사 결과표를 보니 3킬로그램만 빼면 정상 체중에 들어갈 수 있었어요. 하지만 3킬로그램 빼는 게 얼마나 힘들다고요. 텔레비전을 보면서 먹던 포테이토칩도 끊고, 밤마다 아무도 없는 아파트 산책로에서 엄마와 줄넘기를 30분씩 하는 건 정말 힘든 일이었어요. 그런데 일주일이 지나자 체중계의 숫자가 달라져 있는 거예요. 한 달이 넘은 지금 드디어 3킬로그램이 빠졌어요. 엄마가 예쁜 원피스까지 사 주어서 정말 기분이 날아갈 것 같아요.

이럴 땐 쓰지 않아요!

늘 예쁜 척하는 왕공주병 민정이가 오늘 체육 시간에 뜀틀을 넘다가 바지가 쫙 찢어져서 창피를 당했어요. 민정이가 자존심이 상하는 일이 생기길 항상 빌었는데, 정말 고진감래예요.

★ 바람대로 친구에게 좋지 않은 일이 생겼을 때는 고진감래라는 표현을 쓰지 않아요. 고진감래는 무엇을 이루고자 오랫동안 고생을 하고 바라던 대로 좋은 결과를 이루었을 때 쓰는 표현이니까요.

 # 고진감래

개미와 베짱이 이야기

더운 여름날, 베짱이는 더위를 피해 시원한 나무 그늘에 앉아 기타를 치며 시간을 보내고 있었어요. 그러나 개미는 무더위 속에서도 열심히 일해 겨울 동안 먹을 것과 땔감을 모아 두었지요.

어느새 눈보라가 몰아치는 겨울이 왔고, 베짱이는 추위와 배고픔을 참을 수가 없었어요. 반대로 개미는 따뜻한 집에서 맛있는 음식을 먹으며 즐거운 시간을 보낼 수 있었지요. 개미는 여름 동안 열심히 일해 겨울에는 고진감래의 달콤함을 맛볼 수 있었답니다.

6일 동안 씻지도 못하고 춤을 췄던 가수 비

"한 연습실에서 6일 동안 나오지 않고 춤추고 노래 연습을 한 적도 있었어요. 매일 2시간씩 러닝 머신 위를 뛰면서 노래를 불렀고요. 버스나 지하철을 탈 때도 음악을 들으며 아이디어를 메모해 두었지요."

바로 월드 스타로 우뚝 선 가수 비의 연습생 시절 이야기입니다. 화려한 조명, 멋진 의상, 팬들의 열광……. 지금은 모두가 최고 스타라고 부르는 그에게는 남보다 수십 수백 배 노력한 지난 시간들이 있었답니다. 분명한 목표를 세우고 연습, 또 연습해서 스타가 된 거예요. 고진감래의 결과를 얻은 것이지요. 고통스런 노력 없이는 어떤 성공도 기대할 수 없답니다.

고진감래로 찾아낸 블루오션 전략

'블루오션'은 기업의 경영 전략으로 한동안 큰 관심을 받았어요. 이 이론은 수많은 경쟁자들로 우글거리는 레드오션(붉은 바다)을 벗어나 경쟁자가 없는 새로운 시장을 개척해야 한다는 주장을 담고 있지요. 누구나 하는 생각, 이미 하고 있는 사업 아이템에서 벗어난 '발상의 전환'을 강조하고 있습니다.

이 이론을 정립한 사람은 르네 교수와 한국인 김위찬 교수입니다. 김위찬 교수는 이렇게 말했습니다.

"나는 다른 사람들과 다르지 않으며, 미국 유학 시절 영어도 잘 못하고 머리도 좋지 못해 많은 고생을 했습니다. 그런 생활이 무척 힘들고 어려웠으며 때로는 고통스럽고 비참한 경험도 있었습니다. 고통과 고난의 경험

없이 큰 결실을 얻을 수 없으며, 고통 속에서 인생의 큰 교훈을 많이 깨달을 수 있었습니다."

　미국 학생들이 신나게 놀고 난 뒤에 한두 시간 만에 쉽게 써내는 보고서 몇 장을 영어를 잘하지 못하는 그는 며칠을 꼬박 매달려야 완성할 수 있었다고 해요. 그러나 포기하지 않고 열심히 공부에 매달렸기에 오늘날 당당하게 고국에 와서 멋진 강연을 할 수 있었지요. 김위찬 교수는 남들보다 몇 배의 노력을 쏟아 부어 공부해야 고진감래의 기쁨을 누릴 수 있다는 사실이 자신의 '블루오션 전략'보다 더 중요한 가르침이라고 강조했습니다.

자동차 회사를 설립한 포드

　포드는 미국의 시골 농가에서 태어났어요. 가정 형편이 좋지 않아 열여섯 살에 학교를 그만두고 기계 제작소에 들어가 3년 동안 일을 했지요. 그러다 다시 고향으로 돌아온 포드는 농장 한구석에 작은 기계 수리 가게를 내고 고장 난 농기구를 수리하거나 새로 만들어 주었지요. 몇 년 뒤 다시 도시로 나간 포드는 일을 하면서 자동차에 대해 연구하기 시작했어요. 주위의 도움으로 직접 포드 자동차 회사도 설립하게 되었지요.

　그의 꿈은 '누구나 가질 수 있는 값싼 자동차를 만드는 것'이었지만 번번이 실패를 거듭했어요. 하지만 고진감래라고 드디어 'T형 모델'이라는 차를 완성했어요. 이 차는 대량 생산을 할 수 있어서 전 세계에 1천 5백만 대 이상 팔 수 있었지요. 실패를 두려워하거나 포기하지 않고 끝까지 노력한 포드는 결국 미국의 영웅이 되었고 전 세계에 이름을 알리게 되었답니다.

고사성어 하나 더!

고진감래와 짝을 이루는 흥진비래

   고진감래가 고생 끝에 즐거움이 온다는 뜻이라면 흥진비래(興盡悲來)는 즐거운 일이 다하면 슬픈 일이 닥친다는 뜻이에요. 이 말은 곧 세상일은 항상 즐거운 일 다음에 슬픈 일이 번갈아 일어난다는 뜻이지요. 고진감래와 흥진비래는 세상을 살아가는 이치로 설명되기도 한답니다.

   만약 오늘 해야 하는 숙제를 하지 않고 신나게 게임만 했다면 다음 날 학교에 가서 선생님에게 벌을 받겠지요. 이처럼 즐거움 다음에 오는 슬픈 상황을 흥진비래라고 한답니다.

날로, 달로 나아가거나 발전해 나간다는 뜻이다.

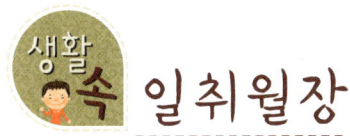 일취월장

이럴 때 쓰는 거예요!

수학 실력이 일취월장했어요

　수학은 내가 가장 싫어하는 과목이었어요. 작년만 해도 내 수학 실력은 거의 반에서 꼴찌였어요. 어려운 수학책은 들여다보기도 싫었죠. 그런데 엄마의 권유에 못 이겨 수학 학원에 간 날, 선생님이 너무 멋있어서 그만 반해 버렸어요.

　선생님에게 잘 보이려고 그날부터 수학 공부를 열심히 하기 시작했어요. 수학에 대한 두려움을 접고 조금씩 공부를 했더니 차츰 흥미가 생겼어요. 선생님의 친절한 설명을 들으면 그렇게 어렵던 수학이 재미있게 느껴지기까지 했지요. 어느덧 제 수학 성적도 좋아졌어요. 지난달 단원 평가에서는 반에서 20등 정도였는데, 이번 단원 평가에서는 10등을 하게 되었어요. 수학 실력이 일취월장했다며 선생님도 좋아하세요. 이제 수학이 두렵지 않아요. 이게 모두 수학 선생님 덕분이에요.

이럴 땐 쓰지 않아요!

　회색 스웨터는 내가 가장 좋아하는 옷이에요. 좋아해서 자주 입었더니 스웨터의 목이 일취월장 늘어났어요.

　★ 옷이 늘어났을 때는 일취월장이라는 말을 쓰지 않아요. 일취월장은 학업 등이 조금씩 발전하고 성장할 때 쓰는 말이랍니다.

 일취월장

신분의 굴레를 벗은 장영실

　장영실은 노비였어요. 조선의 신분 제도 중 가장 낮은 신분이었지요. 동래현의 관노(관아에 속하여 있던 노비)였던 장영실은 농기구나 병장기 창고에서 기구를 수리하는 일을 주로 했어요. 장영실은 어린 시절부터 손재주가 좋은 데다 성실하기까지 했지요.

　그러던 어느 날, 동래현의 현감이 장영실을 불러 궁궐에 들어가라고 했어요. 성실하고 솜씨가 좋은 장영실을 궁궐의 기술자로 추천한 것이었지요.

　장영실은 궁궐의 물건을 만드는 곳인 상의원에 들어가게 되었어요. 상의원에는 많은 다른 기술자들이 있었지만 장영실은 그중에서도 뛰어난 기술을 가진 사람이 되고 싶었어요. 새로운 기술을 배우고 누구보다 성실하게 일했지요. 장

영실의 실력은 일취월장했어요. 그 실력이 임금의 귀에까지 들어갈 정도였지요. 당시의 임금이 바로 세종 대왕이에요.

　세종 대왕의 눈에 띈 장영실은 중국 유학을 다녀와서 천문 기구를 만드는 일을 했어요. 장영실은 물시계, 해시계 등 역사에 길이 남을 발명품을 만들어 냈고, 높은 벼슬에까지 오를 수 있었답니다. 장영실은 자신의 노력으로 노비라는 신분의 굴레를 벗은 거예요.

▶ 장영실: 조선 세종 때의 과학 기술자였던 장영실은 관기의 아들로 태어난 노비 출신이었으나 궁궐에 들어가서 물시계 경점지기와 자격루, 해시계 앙부일구, 혼천의 등 뛰어난 과학 발명품을 많이 남겼어요. 벼슬이 종3품 대호군까지 이르렀다고 해요.

소녀의 피아노

　어느 공연장에서 한 소녀의 피아노 연주회가 열렸어요. 이 소녀는 앞을 보지 못했어요. 태어나서 한 번도 세상을 본 적이 없었지요. 관객들은 앞을 보지 못하는 소녀가 어떻게 피아노를 연주할지 호기심 어린 눈으로 지켜보고 있었어요.

　하지만 소녀가 연주를 마치자, 관객들은 모두 기립 박수를 쳤어요. 소녀의 피아노 실력이 너무도 뛰어났던 거예요. 그 소녀는 앞을 볼 수 없었지만 청력이 매우 뛰어났어요. 아주 어렸을 때부터 음악에 재능을 보였어요. 세 살 때 베토벤의 곡을 한 번 듣고 연주할 정도였지요. 좋은 선생님을 만나 제대로 피아노 공부를 시작하자, 소녀의 피아노 실력은 일취월장했어요. 비록 앞은 보지 못하지만 꿈을 갖고 노력한 소녀는 뛰어난 피아니스트가 될 수 있었답니다.

'일취월장'이 생겨난 이야기

유여소자불총경지(維予小子不聰敬止)
이 못난 소자는 비록 총명하지 않지만

일취월장학유집희우광명(日就月將學有緝熙于光明)
날로 달로 나아가 학문이 광명에 이를 것이니

불시자견시아현덕행(佛時仔肩示我顯德行).
맡은 일을 도와 나에게 덕행을 보여 주오.

중국 주나라의 2대 왕인 성왕이 쓴 시예요. 이 시에서 성왕은 자신은 스스로 총명하지는 않지만, 부지런히 배우고 익히면 날로 달로 나아가 학문이 광명에 이를 것이니, 신하들은 자신이 맡은 일을 충실히 하며 자신을 도와 어질고 착한 행실을 보여 달라고 말하고 있어요. 이 시에 나오는 '일취월장(날로 달로 나아가)'에서 일취월장이라는 고사성어가 생겨났다고 해요.

고사성어 하나 더!

일취월장과
비슷한 말 괄목상대

오나라의 손권에게는 여몽이라는 장수가 있었어요. 여몽은 무예는 뛰어났지만 학문에는 소홀했어요. 손권은 여몽에게 장수에게는 학문도 중요하다는 충고를 했고, 그 뒤부터 여몽은 손에서 책을 놓지 않고 열심히 공부했어요. 얼마 뒤 학식이 뛰어난 친구 노숙이 여몽을 찾아갔어요. 이야기를 나누던 노숙은 여몽의 학문 수준이 놀라울 정도로 달라진 것을 알고 깜짝 놀랐어요. 그러자 여몽은 "선비는 헤어진 지 3일이 지나면 눈을 비비고 다시 볼 정도로 달라져 있어야 하는 법이오."라고 말했다고 해요.

이 이야기에서 괄목상대(刮目相對)라는 말이 나왔어요. 눈을 비비고 다시 볼 정도로 실력이나 재주가 부쩍 향상되었다는 뜻이랍니다.

어리석음과 거짓

"우리 반에서 제일 착한 영주를 친구들은 바보라고 놀려요."
"지연이는 똑똑하지만 좀 얌체 같아요. 게다가 늘 잘난 체를 해요."
"정식이는 오늘도 거짓말을 했다고 혼이 났어요."
"어른들은 거짓말을 잘하면서 우리한테는
왜 착한 마음씨가 제일 중요하다고 할까요?"

어리석은 사람이나 거짓말쟁이를 좋아하는 사람은 아무도 없어요.
또 똑똑하다고 우쭐대기만 하면 친구가 없겠지요.
재미있고 말도 조리 있게 잘하면서
믿음직한 친구가 부러운 적은 없었나요?
현명하면서도 진실한 사람이 되는 건 어려운 일이지만
그런 사람이 되도록 노력해야 해요.
그러기 위해서는 우선 어리석음과 거짓이 어떤 것인지 알아야 한답니다.
고사성어를 통해 어리석음과 거짓을 탓하는 표현을 알아보세요.

어리석음과 거짓을 나타내는 고사성어

동문서답 (東問西答)

마이동풍 (馬耳東風)

무용지물 (無用之物)

조삼모사 (朝三暮四)

감언이설 (甘言利說)

침소봉대 (針小棒大)

기인지우 (杞人之憂)

표리부동 (表裏不同)

東問西答
동녘 동 물을 문 서녘 서 대답 답

동쪽을 묻는데 서쪽을 대답한다는 뜻으로,
묻는 말과 상관없는 엉뚱한 대답을 한다는 것을 의미한다.

생활 속 동문서답

이럴 때 쓰는 거예요!

피곤에 지친 아빠의 동문서답

　요즘 들어 회사 일이 힘들고 술자리도 많다면서 아빠는 피곤해해요. 그래서인지 배도 더 불룩 나오고 흰머리도 많이 생겼지요. 그렇지만 아빠는 집안일에 너무 신경을 안 쓰는 것 같아요. 아빠가 힘든 건 잘 알지만, 엄마도 집안일 하랴 우리들 챙기랴 많이 힘들답니다. 아빠는 제가 딸이라서 엄마 편만 든다고 하지만, 편드는 게 절대 아니에요.

　오늘 엄마가 아빠한테 식기세척기를 먼저 사야 할지 김치냉장고를 먼저 사야 할지 물어봤어요. 신문을 보던 아빠는 "안마기가 하나 있었으면 좋겠군."이라고 하는 거예요. 엄마는 우리 집에 꼭 필요한 게 무엇인지 고민이 되어 물어본 건데 말이죠. 아빠도 집안일에 좀 더 적극적이었으면 좋겠어요.

이럴 땐 쓰지 않아요!

　수학을 잘 못하는 경민이는 오늘 수학 시간에도 선생님이 내 준 문제를 하나도 못 맞히고 다 틀렸어요. 그래서 내가 "너 오늘도 동문서답만 썼구나."라고 놀렸어요.

　★ 수학 문제를 몰라서 틀린 답을 쓰는 건 동문서답이라고 하지 않아요. 동문서답은 질문과 상관없는 엉뚱한 대답을 하는 걸 말하니까요.

동문서답

동문서답으로 보는 나무꾼 이야기

옛날에 한 마음씨 고약한 나무꾼이 있었어요. 이 나무꾼은 어느 날 이웃 마을에 사는 착한 나무꾼이 깊은 산속의 호수에 도끼를 빠뜨렸다가 산신령에게 금도끼, 은도끼까지 얻어 왔다는 이야기를 들었어요. 마음씨 고약한 나무꾼이 가만히 있을 리 없었죠. 나무꾼은 집에 있는 도끼 중에서 제일 낡고 녹이 슨 도끼를 골라 산속 호수에 찾아갔어요. 그러고는 가지고 온 도끼를 호수 속에 풍덩 던져 버렸어요.

잠시 뒤 정말로 산신령이 나타났어요. 산신령이 묻기도 전에 마음씨 고약한 나무꾼이 얼른 말했죠.

"신령님, 제가 모르고 도끼를 빠뜨렸지 뭐예요. 물론 제 도끼는 금도끼도 아니고 은도끼도 아닌 녹이 슨 쇠도끼랍니다. 저는 착해서 원래 거짓말 안 하거든요. 제 도끼를 찾아 주실 거죠?"

가만히 이야기를 듣고 나서 산신령은 이렇게 말했어요.

"왜 녹이 슨 도끼를 빠뜨려 호수를 더럽히느냐. 자연을 보호해야 한다. 앞으로는 조심해라."

그러고는 다시 사라져 버렸지요.

산신령의 동문서답에 나무꾼은 털썩 주저앉고 말았어요. 금도끼, 은도끼를 얻게 되리라 기대했던 나무꾼은 자기 도끼마저 되찾지 못하고 빈손으로 산을 내려왔답니다. 산신령은 이 나무꾼이 마음씨가 나쁘다는 걸 잘 알고 있었기 때문에 일부러 엉뚱한 대답을 한 거예요.

아인슈타인의 재치 있는 동문서답

아인슈타인 박사가 어느 파티에서 한 여성으로부터 질문을 받았습니다.

"상대성 이론이 도대체 뭐지요?"

망설이던 아인슈타인은 이렇게 말했습니다.

"내가 어느 날 시각 장애인과 함께 길을 걷게 되었어요. 목이 마른 내가 '우유를 마시고 싶어요.'라고 하자 그는 '우유는 어떤 것이지요?'라고 물었답니다. 나는 '흰 액체이지요.'라고 대답했고, 그는 다시 '희다는 것은 어떤 것이지요?'라고 했습니다. 그래서 나는 '백조의 날개 빛깔과 같아요.'라고 했지요. 그는 '백조는 어떤 새입니까?' 하고 물었지요. 그래서 내가 '백조란 목이 길고 비틀 수 있는 새입니다.'라고 말했습니다. 그러자 이번에는 그가 '비튼다는 것은 어떤 것입니까?'라고 되물었어요. 나는 할 수 없이 그의 팔을 휘어잡고 비틀었어요. 그랬더니 그 시각 장애인은 아픈 팔을 감싸고는 '선생님, 우유라는 것은 이런 것이군요. 이제 알았습니다.'라고 말하더군요."

　질문을 한 여성은 아인슈타인의 말이 무슨 말인지 이해하지 못하고 황급히 그 자리를 떠났어요.

　아인슈타인은 시끌벅적한 파티에서, 과학에 대한 기본 지식이 없는 그 여성에게 상대성 이론을 이해시키기란 불가능하다고 생각했어요. 그래서 재치 있게 동문서답을 한 것입니다.

▶ 아인슈타인(1879~1955): 독일에서 태어난 아인슈타인은 뛰어난 물리학자로 20세기를 대표하는 과학자예요. 1905년 특수 상대성 이론을 발표하여 당시 과학계에 혁명적인 영향을 끼쳤습니다. 이 이론으로 1921년 노벨 물리학상을 받기도 했지요. 유대인이었던 아인슈타인은 히틀러가 이끄는 독일군의 탄압을 피해 미국으로 망명해 연구를 계속하면서 세계 평화를 위한 다양한 활동도 벌였답니다.

고사성어 하나 더!

질문과 대답에 대한 다른 표현들

사람과 사람 사이에서 대화를 잘하는 것은 대단히 중요하지요. 질문도 적절하게 잘해야 하고 대답도 현명하게 잘해야 한답니다. 고사성어 중에는 질문과 대답에 대한 표현이 많아요.

동문서답은 질문과 상관없는 엉뚱한 대답을 한다는 뜻이에요. 우문현답(愚問賢答)은 어리석은 물음에 현명하게 대답한다는 뜻입니다. 반대로 현문우답(賢問愚答)은 현명한 질문에 어리석은 대답을 한다는 뜻이지요. 상대방이 무슨 말을 하는지 귀 기울여 듣고 적절하게 대답하면 대화하는 능력을 기를 수 있답니다.

馬耳東風
말마 　 귀이 　 동녘동 　 바람풍

말은 귀에 봄바람이 불어도 전혀 느끼지 못한다는 뜻으로 다른 사람의 말을 귀담아듣지 않는다는 것을 의미한다.

 # 마이동풍

이럴 때 쓰는 거예요!

우리 집 남자들은 마이동풍

"준이야, 제발 발도 안 씻고 침대에 들어가지 마. 집에 오면 손부터 씻어야 한다고 했잖니."

"여보, 신었던 양말은 제발 세탁기에 좀 넣어 줘요. 아무 데나 벗어 던지지 말고요."

"아빠, 식사할 때는 신문 좀 보지 마세요."

"준이 너 내 책상에서 뭘 꺼내 썼으면 꼭 제자리에 다시 갖다 놓으라고 했지!"

엄마와 나는 늘 아빠와 준이에게 잔소리를 한답니다. 그래도 아빠와 준이는 들은 체 만 체해요. 한쪽 귀로 듣고 한쪽 귀로 흘리나 봐요.

이럴 땐 쓰지 않아요!

우리 증조할머니는 아흔 살이 다 되셨어요. 이제 보청기도 소용없는지 큰 소리로 말을 해야 겨우 알아들으시죠. 가끔은 전혀 다른 대답을 하시기도 해요. 완전히 마이동풍이에요.

★ 이건 잘못된 표현이에요. 마이동풍은 남의 의견을 무시하고 전혀 받아들이지 않는다는 의미예요. 할머니는 연세가 많아 청각 기능이 좋지 않은 거잖아요. 마이동풍과는 전혀 다른 경우랍니다.

 마이동풍

소의 뿔을 부러워한 낙타

낙타가 길을 가다 멋진 뿔을 가진 소를 만났어요. 낙타는 소가 부러웠어요. 소는 으스대며 말했습니다.

"내 뿔은 누가 봐도 멋지다고 말하지. 게다가 이 뿔로 들이받으면 누구든 한 방에 나가떨어진다고."

낙타는 소의 뿔이 너무나 갖고 싶어서 제우스 신을 찾아가서 졸랐지요.

"너는 뿔 대신 등에 커다란 혹이 있지 않니? 혹 덕분에 무더운 사막에서도 살아갈 수 있는 거야."

제우스 신은 이렇게 충고했지만 낙타에겐 마이동풍이었어요. 아무리 설득해도 소용없고 계속 졸라 대는 낙타에게 제우스 신은 뿔 대신 벌을 내렸습니다. 낙타의 귀를 잘라 버린 거지요. 그래서 지금도 낙타의 귀는 덩치에 비해 작답니다.

충신의 충고도 마이동풍이었던 의자왕

백제의 마지막 왕이었던 의자왕은 사치와 향락에 빠져 백제를 망하게 한 임금으로 알려져 있어요. 그러나 젊은 시절에는 용감하고 대담하며 결단력이 있었다고 해요. 부모에게 효도하고 형제들 사이에 우애도 각별했다고 합니다. 그러나 늦은 나이에 왕위에 오르자 자신의 권력을 더 강화하기 위해 귀족 세력의 힘을 약화시키고 많은 사람들을 쫓아내기도 했지요.

의자왕이 왕위에 올랐을 당시 백제는 주변 나라들의 위협으로 굉장히 힘든 시기였어요. 연개소문이 다스리던 고구려는 당나라에 맞서며 이름을 떨치고 있었고, 신라는 당나라와 연합하여 힘을 키우고 있었지요. 그래서 의자왕은 고구려와 손을 잡기도 했고 또 직접 군사를 거느리고 신라를 공격하기도 했답니다. 고구려, 백제, 신라의 대립이 가장 심했던 시기에 의자왕은 백제를 지키기 위해 최선을 다했습니다.

그러나 의자왕은 말년에 들어 사치스럽고 방탕한 생활을 하게 되었어요. 백성들을 보살피는 일은 뒤로한 채 왕권을 마구 휘둘렀답니다. 신하들은 하루하루 기울어 가는 백제를 걱정했고, 언제 쳐들어올지 모르는 신라를 두려워했습니다. 신하 중에서도 절개가 곧은 충신이었던 성충과 흥수는 목숨을 걸고 의자왕에게 나라를 생각하라 충언을 했지만, 마이동풍이었어요.

결국 의자왕은 나라를 제대로 돌보지 않다가 신라와 당나라가 뭉친 나·당 연합군의 공격을 받았어요. 유명한 계백 장군의 황산벌 싸움을 마지막으로 백제는 망하게 되었답니다.

신하들 이야기를 잘 듣지 않은 선조 임금

조선 선조 임금 때 임진왜란이 일어났어요. 전쟁으로 인해 나라 전체가 살기 힘들었고, 신하들은 서로 의견이 달라 다툼이 많았답니다. 하지만 신하들 중에는 율곡 이이 같은 현명한 사람도 있었지요. 그러나 선조 임금은 이이의 의견도 귀 기울여 듣지 않았습니다.

이이는 "나라 사정이 어려우니, 전하께서는 나랏일을 바로잡겠다는 의지를 강하게 보이셔야 합니다."라고 간곡히 선조 임금에게 청을 하였지요. 그리고 나라를 다스릴 올바른 방안을 여러 차례 내놓았어요. 그러나 선조 임금에게는 마이동풍이었답니다.

선조 임금은 후궁들의 자식인 여러 왕자들이 횡포를 일삼아 백성들의 삶을 더욱 어렵게 하는데도 바로잡지 못했어요. 강직한 신하들이 올리는 상소문도 제대로 보지 않을 때가 많았다고 합니다.

이이는 목숨을 걸고 수없이 임금에게 잘못된 것을 바로잡아야 한다고 아뢰어도 아무 소용이 없자, 결국 관직을 버리고 고향으로 내려갔습니다. 이이는 고향에서 학문에 더욱 힘쓰고 제자들을 가르치며 학자의 길을 걸었습니다.

고사성어 하나 더!

마이동풍의 유래와
비슷한 말 우이독경

중국 당나라 때 이백이라는 훌륭한 시인이 있었습니다. 어느 날 친구인 왕십이가 세상을 한탄하며 이백에게 편지를 보냈어요. 그 편지에는 '한밤에 홀로 술잔을 들며 수심에 잠긴다.'라고 적혀 있었지요. 이백은 친구를 위로하며 답시를 지어 보냈답니다.

세인문차개도두(世人聞此皆掉頭)
세상 사람들은 우리가 지은 시를 고개를 저으며
들으려고조차 하지 않는다.

유여동풍사마이(有如東風射馬耳)
이는 마치 말의 귀에 봄바람이 부는 것과 같다.

이 시에서 마이동풍이라는 말이 생겨났지요.
마이동풍과 같은 뜻을 가진 고사성어로는 우이독경(牛耳讀經)이 있어요. 우리나라 속담에도 나오는 말로 바로 '소의 귀에 경 읽기'이지요. 소에게 아무리 좋은 글귀를 읽어 주어 봐야 소가 알아들을 리 없다는 뜻으로 아무리 가르치고 일러도 알아듣지 못한다는 말이에요.

無用之物
없을무　쓸용　갈지　만물물

쓸모없는 물건이나 사람을 뜻한다.

생활 속 무용지물

이럴 때 쓰는 거예요!

무용지물인 횡단보도

우리 아파트 뒤쪽에는 차가 많이 다니지 않는 작은 도로가 있어요. 그 도로에는 횡단보도가 중간에 하나뿐이랍니다. 사람들은 차가 많이 다니지 않는다고 횡단보도까지 걸어가지 않고 아무 데서나 길을 건너기도 해요. 아빠는 그 도로는 굽은 길이라 운전자의 눈에 띄지 않아 위험하다고 했어요. 가끔은 난폭하게 지나가는 오토바이도 있지요.

그런데 그 도로에서 일요일 아침에 사고가 났대요. 아파트 모임에 다녀온 아빠는 이제부터는 반드시 횡단보도를 이용하라고 했어요. 횡단보도에 신호등도 세우기로 했대요.

이럴 땐 쓰지 않아요!

주말에 할아버지 댁에 다녀오느라 미처 숙제를 하지 못했어요. 숙제를 안 해 오면 화장실 청소를 시킨다고 했는데 큰일이에요. 누나에게 도와달라고 했지만 피곤하다고 잔대요. 이럴 때 누나는 정말 무용지물이에요.

★ 누나가 숙제를 도와주지 않는다고 해서 무용지물이라고 하는 것은 옳지 않아요. 무용지물이란 쓸모없고 하찮은 물건이나 사람을 의미하거든요. 숙제는 남의 도움을 받지 않고 자신의 힘으로 해야 해요.

이야기 속 무용지물

까마귀와 물병

햇볕이 쨍쨍 내리쬐는 더운 날이었어요. 목이 마른 까마귀는 물을 찾아다녔어요. 드디어 까마귀는 물이 조금 담겨 있는 물병을 구할 수 있었어요. 그런데 물병 입구가 좁고 길어서 까마귀의 부리가 물이 있는 아래쪽까지 닿지 않았어요. 목마른 까마귀에게 물병은 무용지물이었답니다. 어떻게 하면 까마귀가 물을 마실 수 있을까요?

까마귀는 좋은 수가 없을까 하고 주위를 둘러보았어요. 까마귀 주위에는 작은 돌멩이들이 널려 있었어요. 까마귀는 돌멩이로 물병을 깨뜨려서 물이 바닥에 쏟아지면 그 물을 마실까 생각했어요. 그렇지만 현명한 까마귀는 곰곰이 생각해 봤어요. 물병이 깨지면 물이 쏟아져 거의 마실 수 없을 것이라는 생각이 들었어요.

그래서 까마귀는 작은 돌멩이를 주워 물병에 하나씩 하나씩 집어넣었답니다. 물병에 돌멩이를 반쯤 채우자 물의 높이가 점점 높아졌어요. 결국 까마귀는 물병의 물을 쉽게 마실 수 있었답니다.

증기 기관이 없었다면 산업 혁명 아이디어도 무용지물

 산업 혁명은 영국에서 직물 산업이 기계화된 것이 계기가 되어 일어났어요. 많은 사람들이 오랜 시간 일해야 했던 직물 산업은 방적기가 만들어지면서 달라졌지요. 사람들은 기계만 관리하고, 천은 방적기가 만들어 내게 되었어요.
 산업 혁명 시기에는 방적기뿐만 아니라 다양한 분야에서 기계화에 대한 아이디어가 쏟아져 나왔어요. 그러나 문제는 기계를 작동시키는 에너지였지요. 에너지가 없다면, 새로 발명된 기계도 무용지물이니까요. 그래서 발명된 증기 기관은 기계를 움직이게 하는 혁신적인 에너지 역할을 했답니다. 또한 증기 기관은 운송 수단으로도 사용되어 증기 기관차가 개발되기도 했지요.

스스로 없어지는 놀라운 진화

 사람과 동물들은 오랜 시간 동안 환경에 맞게 스스로 몸을 바꿔 왔어요. 몸에서 무용지물이 된 부분은 자연스럽게 없어지고 꼭 필요한 부분은 더욱 발달해 가는 놀라운 적응력을 보였지요.
 인더스 강에 사는 돌고래는 눈이 없대요. 눈이 없으면 바위에 부딪힐 것 같지요? 그런데 인더스 강은 물살이 워낙 빠르고 강물도 탁해 눈이 있어도 볼 수가 없다고 해요. 그래서 돌고래의 눈은 자연스럽게 피부로 덮여 버렸죠.

독수리는 머리 깃털이 빠져 있거나 없는 경우가 많아요. 독수리는 주로 죽은 동물의 시체를 먹고 사는데, 그 시체의 내장을 먹기 위해 머리를 시체에 박고 쑤셔 대곤 하지요. 만약 독수리 머리에 깃털이 있다면 시체의 내장에서 세균이 옮겨 묻거나 병에 걸릴 위험이 커질 거예요. 그래서 독수리들은 질병에 걸리지 않기 위해 머리 깃털이 없는 모습으로 진화를 했다고 해요.

백성과 나라를 위하지 않는 학문은 무용지물

성리학은 조선 시대에 나라를 다스리는 토대가 된 학문이었어요. 모든 양반과 선비들은 성리학을 공부했고, 벼슬에 나가기 위해서도 성리학을 공부해야 했지요. 하지만 다산 정약용은 너무 이론적이기만 한 성리학은 나라 살림에 도움이 되지 않는다고 생각했어요. 정약용은 기술을 개발해서 널리 보급할 것을 주장했답니다. 농업 기술이나 천을 짜는 기술을 정교하게 하여 발전시키면 많은 이들이 더 편리하게 일할 수 있고 소득도 올릴 수 있을 거라고 생각했지요.

뿐만 아니라 의학을 발전시키고 무기를 만드는 기술도 개발해야만 백성들이 안전하게 살 수 있고 군대도 강해질 수 있다고 생각했답니다.

▶ **성리학과 실학**: 중국에서 발생한 성리학은 유교를 학문과 인격을 수양하는 도리로 내세운 학풍이에요. 조선 시대의 통치 이념이기도 했던 성리학은 이론과 형식을 중시한다는 비판을 받으면서 실학이라는 새로운 학풍을 등장시키기도 했어요. 실학자들은 백성들을 위한 기술 발전이나 경제 생활에 도움을 주는 실용적인 학문을 연구했어요.

고사성어 하나 더!

무용지물과
비슷한 뜻을 가진 하로동선

　무용지물과 비슷한 말로 하로동선(夏爐冬扇)이 있어요. 하로동선은 '여름의 화로와 겨울의 부채'라는 뜻으로 아무 쓸모없는 말이나 재주, 사물 등을 비유할 때 쓴답니다. 왕충이 《논형》이라는 책에서 당시의 정치와 학문에 대해 비판하면서 쓴 말이에요.

　　작무익지능 납무보지설(作無益之能 納無補之說)
　　독여이하진로이동주선 역도이(獨如以夏進爐以冬奏扇 亦徒耳)
　이로울 것이 없는 재능을 바치고 도움이 되지 않는 의견을 내는 것은, 여름에 화로를 바치고 겨울에 부채를 드리는 것과 같다.

朝三暮四

아침 조 석 삼 저물 모 넉 사

아침에는 셋, 저녁에는 넷이라는 뜻으로
간사한 꾀로 남을 속인다는 의미이다.

# 조삼모사

이럴 때 쓰는 거예요!

누드 빼빼로의 조삼모사

　얼마 전부터 충치 때문에 동네 치과에 다니고 있어요. 의사 선생님은 초콜릿이나 사탕 같은 단 것은 먹으면 안 된다고 했어요. 내가 제일 좋아하는 초콜릿을 안 먹는다는 건 상상할 수가 없는 일이에요. 그래서 누드 빼빼로를 사 먹었지요. 누드 빼빼로는 과자 겉에 초콜릿이 발린 게 아니라 과자 속에 초콜릿이 들어 있어요. 겉으로 보면 초콜릿이 보이지 않으니까 그냥 빼빼로보다 좀 안심이 되거든요.

이럴 땐 쓰지 않아요!

　네 살짜리 쌍둥이 동생인 지니와 리니는 평소에는 정말 사이가 좋지만, 목욕을 할 때는 티격태격 다투어요. 서로 먼저 욕조에 퐁당 뛰어들고 싶어서 그렇대요. 엄마가 "오늘은 지니부터 하자."라고 하면 어느새 리니는 입이 삐죽 나오지요. 그래서 엄마가 "오늘은 리니부터 하고 내일은 지니 먼저 하자."라고 하면 리니 얼굴은 금세 밝아져요. 엄마의 조삼모사에 속아 넘어간 거지요.

★ 조삼모사는 상대를 속이고자 하는 나쁜 의도가 담겨 있거나 의도가 없었더라도 상대를 속이는 결과를 갖고 오는 경우를 말해요. 샘이 많은 리니를 달래서 먼저 목욕을 시킨 엄마의 행동을 조삼모사라고 할 수는 없겠지요.

 조삼모사

농부의 딸을 사랑한 사자

어느 날 사자는 한 아가씨를 보고 사랑에 빠졌습니다. 그 아가씨는 농부의 딸이었지요. 농부를 찾아간 사자는 딸과 결혼시켜 달라고 떼를 썼어요.

"아가씨와 결혼만 시켜 준다면 얌전한 신랑이 되겠어요. 결혼하고 나면 이빨과 발톱을 다 뽑고 아내를 위해 열심히 일하겠습니다."

사자는 농부에게 맹세했지요.

농부는 당장 사자를 쫓아내고 싶었지만 사자가 무서워 꾀를 냈습니다.

"사자님의 날카로운 이빨과 발톱은 너무 무서워요. 우리 딸이 사자님을 좋아할 수 있도록 먼저 이빨과 발톱을 뽑고 오세요. 그럼 우리 딸과 결혼시켜 드리지요."

사자는 어차피 결혼을 하면 뽑을 이빨과 발톱이라고 생각하고 얼른 뽑아 버리고 다시 농부를 찾아왔어요. 하지만 사자는 결혼하기는커녕 곡괭이로 실컷 두들겨 맞고 쫓겨나고 말았어요. 이빨과 발톱이 없는 사자는 하나도 무섭지 않으니까요. 사자는 농부의 조삼모사에 속아 이빨도 발톱도 없는 바보가 되어 버린 자신의 어리석음을 탓했지만 이미 늦었답니다.

원숭이 입장에서 바라본 조삼모사

고사성어는 옛이야기에서 유래된 것이지만 요즘은 고사성어에 대한 새로운 주장들이 나오고 사람들에 따라 다양하게 받아들여지고 있답니다. 조삼모사의 경우도 그래요. 조삼모사는 주인이 도토리를 아침에는 3개, 저녁에는 4개를 주려고 하자 원숭이가 화를 내어 아침에 4개, 저녁에 3개를 주겠다고 하니 원숭이들이 좋아했다고 하는 이야기에서 나왔습니다.

원래의 의미와는 다르게 원숭이의 입장에서 보았을 때 아침에 4개를 받고 저녁에 3개를 받는 것이 더 현명한 판단이라는 의견도 있어요. 주인의 마음이 오후에 어떻게 바뀔지 모르니까 일단 많은 양을 먼저 받아 놓는 게 맞다는 것입니다. 오후에 갑자기 도토리가 떨어져서 많이 받을 수 없는 경우가 생길지도 모르니까요. 그렇기 때문에 조삼모사가 유리한 때가 있을 수도 있겠지요.

그러나 이 의견은 단순히 원숭이의 입장에서 바꾸어 생각해 본 것으로 조삼모사라는 고사성어가 간사한 꾀로 남을 속인다는 뜻이라는 것은 시대가 바뀌어도 변함이 없습니다.

엘리베이터에 거울을 달다

1853년 미국의 오티스라는 회사에서 처음으로 엘리베이터를 만들었어요. 처음 엘리베이터가 만들어졌을 때는 속도가 엄청 느렸대요. 그래서 막힌 공간 안에서 사람들은 갑갑함을 느꼈고 불만을 터뜨렸지요. 당시 기술로는 더욱 빠른 엘리베이터를 금세 만들어 낼 수 없었어요. 그래서 생각해 낸 것이 엘리베이터 안에 거울을 다는 방법이었어요.

사람들은 엘리베이터를 타고 있는 동안 거울을 보면서 옷매무새를 고치기도 하고, 자신의 얼굴을 이리저리 비춰 보면서 '아 나는 참 잘 생겼구나.', '요즘 피부가 좀 거칠어진 것 같아.' 등의 생각을 하게 되었어요. 그러다 보면 어느새 자신이 가려고 했던 층에 도착하게 되는 것이지요.

또 거울을 설치하자 엘리베이터 안이 좁고 답답하다는 생각도 줄어들게 되었어요. 거울을 통해 엘리베이터의 내부 공간이 좀 더 넓어 보이는 효과를 얻었으니까요.

그 후로 엘리베이터를 이용하는 사람들의 불만은 많이 줄어들었고, 엘리베이터를 발명한 회사는 큰 비용을 들이지 않고 사람들의 불만을 해결하게 되었답니다. 어차피 걸리는 시간은 같지만, 거울을 보면서 가니까 훨씬 빨리 도착하는 것처럼 느끼게 하는 좋은 아이디어였지요.

물론 엘리베이터에 거울을 달았던 것은 사람들을 속이려고 하는 나쁜 의도는 아닙니다. 그러나 실제 이동하는 데 걸리는 시간이나 고객의 불편함은 달라지지 않고 고객의 생각만 바꾸게 한 것이니까 조삼모사를 마케팅에 잘 이용한 것이라고 할 수 있겠지요.

고사성어 하나 더!

조삼모사라는 말은 이렇게 생겨났어요

중국 송나라 때 저공이라는 사람이 원숭이들을 기르고 있었어요. 어느 날 원숭이들에게 줄 먹이가 부족하게 되자 저공이 말했어요.

"이제부터 도토리를 아침에는 3개, 저녁에는 4개를 주겠다."

그랬더니 원숭이들이 그것 가지고는 배가 고파 안 된다며 화를 냈어요. 고민하던 저공이 다시 제안했습니다.

"그렇다면 아침에 4개, 저녁에 3개를 주겠다."

원숭이들은 아침에 4개를 준다는 말에 기뻐하며 알겠다고 했지요.

하루에 주는 도토리의 양은 같지만 얕은 꾀로 원숭이를 속인 이 이야기는 어리석은 사람을 속이는 행위를 비유할 때 자주 쓰입니다.

甘言利說
달 감　　말씀 언　　이할 이　　말씀 설

귀가 솔깃한 달콤한 말이나 이로운 조건을 내세워
남을 꾀는 것을 의미한다.

 **감언이설**

이럴 때 쓰는 거예요!

친구를 꼬드긴 감언이설

　어젯밤 침대에 누웠지만 한참 동안 잠들지 못했어요. 낮에 준우랑 있었던 일 때문이었어요. 어제는 학원 시험 날이었어요. 공부를 거의 하지 않았던 나는 준우에게 "이번 시험은 아주 어렵대. 괜히 시험 못 봐서 엄마한테 혼나지 말고 아예 시험을 치지 말자. 그러면 성적표도 보내지 않을 테고 엄마도 모르실 거야."라고 했어요.

　준우는 내키지 않는 얼굴이었지만 피시방 비용을 내가 내겠다고 해서 우리는 학원 대신 피시방으로 향했어요. 준우를 살살 꼬드겨 같이 학원을 빼먹은 것이 후회가 되어 나는 늦은 밤까지 내내 반성을 했습니다.

이럴 땐 쓰지 않아요!

　오늘도 축구 시합에서 한 골도 넣지 못한 지훈이는 자기에게 공이 오지 않았다며 투덜댔어요. 시무룩한 지훈이에게 엄마는 "엄마가 보기엔 네가 잘하니까 상대편이 너한테 공이 가지 않게 하는 거 같았어."라고 하며 온갖 감언이설을 늘어놓았어요.

　★ 시무룩한 지훈이를 위로하는 엄마의 말씀은 감언이설이라고 할 수 없어요. 엄마는 지훈이가 자신감을 가질 수 있도록 하기 위해 좋은 쪽으로 이야기를 해 준 거랍니다.

 감언이설

거북이에게 속은 토끼

큰 병에 걸린 바닷속 용왕님은 토끼의 간이 병에 좋다는 이야기를 듣고 거북이에게 토끼의 간을 구해 오게 했어요. 숲속으로 간 거북이는 토끼를 만나 말했어요.

"바다 가운데 아름다운 섬이 있는데 맛있는 과일도 많이 있고, 아름다운 꽃들이 피어 있고, 사자나 독수리처럼 무서운 동물은 없어. 그 섬에 가면 편안하게 살 수 있어. 나랑 함께 가지 않을래?"

토끼는 거북이의 감언이설에 속아 용궁까지 따라가게 되었지요. 용궁에 도착해서야 모든 것을 안 토끼 역시 머리를 썼어요. 간을 육지에 두고 왔다고 용왕님을 속이고 유유히 용궁을 빠져나갔답니다.

셰익스피어 작품 속의 감언이설

세계적인 극작가이자 영국을 대표하는 시인인 셰익스피어의 대표작 중에는 4대 비극이라고 불리는 작품들이 있습니다. 바로 비극적인 결말로 끝나는 〈햄

릿〉, 〈오셀로〉, 〈맥베스〉, 〈리어 왕〉입니다. 그중에서도 〈리어 왕〉은 가장 비참한 결말을 맺으며 인간의 욕망이 부질없다고 경고하는 작품입니다.

 영국의 리어 왕에게는 세 딸이 있었습니다. 그는 어느 날 세 딸에게 "누가 나를 가장 사랑하는지 효심을 보고 상을 내리겠다."라고 말했어요. 큰딸은 아버지가 자신의 목숨과 자유보다도 더 소중하다고 대답했어요. 둘째 딸은 아버지를 사랑하는 기쁨에 비하면 다른 모든 기쁨이란 한낱 쓸모없는 것이라고 달콤한 말을 늘어놓았지요. 막내딸인 코델리아는 담담하게 말했어요.

 "폐하는 저의 아버지입니다. 폐하는 저를 길러 주셨고 사랑해 주셨습니다. 저는 아버지에게 순종하며 아버지를 가장 사랑하고 존경하겠습니다. 그러나 저는 거짓으로 달콤한 말을 늘어놓거나, 아버지 말고 이 세상 다른 어느 누구도 사랑하지 않겠다고 약속할 수 없습니다."

 가장 사랑했던 막내딸의 대답에 화가 난 리어 왕은 두 딸에게만 땅을 주고 막내딸은 내쫓아 버렸습니다.

두 딸은 땅을 물려받자 본심을 드러내고, 아버지를 매정하게 대했어요. 리어 왕은 딸들에게 쫓겨나 황야를 헤매는 신세가 되고 말지요. 우여곡절 끝에 프랑스 왕비가 된 코델리아는 아버지의 이야기를 듣고 군대를 이끌고 구하러 오지만 리어 왕과 함께 잡혀 있다가 결국 죽게 되었어요. 뒤늦게 자신의 잘못을 깨달은 리어 왕은 슬퍼하다 죽게 되지요. 이 작품은 감언이설에 속아 판단력을 잃은 사람의 최후가 어떤 것인지 잘 말해 주고 있습니다.

감언이설을 듣지 못하게 하는 면류관의 솜뭉치

옛날에 왕이 입었던 의복에는 많은 상징과 의미가 담겨 있어요. 물론 종류도 굉장히 다양하답니다. 특별한 의식을 행할 때, 나라의 정사를 돌볼 때, 군사 훈련을 참관할 때, 그리고 잠을 잘 때 등 때와 장소에 따라 입는 옷이 달랐지요. 이 중 왕의 의복을 대표하는 것이 면류관과 구장복이에요. 면류관은 왕이 쓰는 모자를 말하고, 구장복은 아홉 가지의 문양이 들어간 옷이에요.

면류관은 판판한 면(冕)과 얼굴을 약간 가릴 정도로 늘어뜨린 류(旒)를 함께 부르는 말이에요. 면류관을 쓰면 류 때문에 얼굴이 약간 가리게 되고, 좌우에는 왕의 귀를 막을 수 있는 작은 솜뭉치가 늘어뜨려 있었다고 해요. 솜뭉치를 늘어뜨린 이유는 신하의 감언이설을 듣지 않도록 하기 위해서였어요.

왕의 주위에는 충신도 많았지만 자신의 이익이 목적인 사람들도 많았어요. 그런 신하들은 늘 왕에게 온갖 감언이설을 늘어놓으며 왕의 판단을 흐리게 만들었지요. 단지 화려한 의복이라고 생각했던 면류관에는 감언이설을 듣지 못하게 한다는 깊은 뜻이 담겨 있답니다.

고사성어 하나 더!

감언이설과 비슷한 말
교언영색

공자는 《논어》에서 '교묘한 말과 아첨하는 얼굴을 하는 사람은 착한 사람이 적다(교언영색 선의인, 巧言令色 鮮矣仁).'라고 말했어요. 이 말에서 나온 고사성어가 바로 교언영색(巧言令色)이에요. 공자는 말을 근사하게 꾸며서 남의 비위를 잘 맞추는 사람이나 살살 웃으며 남에게 잘 보이려는 사람 중에는 진실한 사람이 적다고 했어요.

가끔은 교언영색으로 거짓된 행동을 하는 사람들을 보기도 해요. 자신의 이익을 위해서 교언영색으로 꾸민 모습은 금세 들통나기 때문에 늘 진실한 모습을 보여야 해요.

針小棒大
바늘 **침**　작을 **소**　몽둥이 **봉**　큰 **대**

바늘만큼 작은 것을 몽둥이만큼 크다고 한다는 뜻으로
사소한 일을 과장하여 말하는 것을 의미한다.

 침소봉대

이럴 때 쓰는 거예요!

선생님이 무섭다는 건 영선이의 침소봉대

　아기 낳으러 간 담임 선생님 대신 임시로 새 선생님이 오는 날이었어요. 우리는 어떤 선생님이 올까 잔뜩 기대하며 기다리고 있었어요. 그때 영선이가 갑자기 교실로 뛰어 들어오며 큰 소리로 말했어요.

　"새로 오신 선생님, 벌써 복도에서 뛰어다닌 애를 벌세우고 계셔. 얼굴도 엄청 무섭게 생기셨어. 우리 이제 큰일 났다."

　모두들 놀라서 겁에 질렸어요. 그러나 선생님과 지낸 지 일주일이 되니까 영선이가 얼마나 과장이 심했는지 알 수 있었답니다. 선생님은 규칙을 중요하게 생각하지만, 누구보다도 다정다감한 분이었거든요.

이럴 땐 쓰지 않아요!

　이모가 주말에 3.9킬로그램이나 되는 건강한 남자 아기를 낳았어요. 할머니는 떡두꺼비같이 생겼다고 하면서 무척 좋아했어요. 엄마는 아기가 젖 빠는 모습을 보더니 천하장사라고 하는 거예요. 우리 엄마는 너무 침소봉대하는 것 같아요.

　★ 건강한 아기를 천하장사에 비유한 것을 침소봉대라고 표현하는 건 좀 어색하지요. 아기가 건강하게 태어나 준 것이 고맙고 기쁜 마음에서 비유한 것이랍니다.

 침소봉대

자기 능력을 침소봉대한 겨울

　자기 자랑을 늘어놓기 좋아하는 겨울은 항상 봄을 놀려 댔어요. 자기는 온 세상을 꽁꽁 얼게 할 수 있다고 큰소리쳤죠. 사람들은 자기 앞에서 꼼짝 못하고 자기를 두려워하여 벌벌 떨기만 하기 때문에 자기가 세상에서 가장 위대하다고 자신의 능력을 침소봉대하면서 잘난 척을 했답니다. 봄은 아무 말 없이 겨울이 하는 이야기를 듣고만 있었어요.

　조용히 시간이 흐르기만 기다리던 봄이 드디어 힘을 드러냈어요. 얼어붙은 강물을 녹이고 들판에 아름다운 꽃을 피웠어요. 그리고 따뜻한 햇살을 비추며 사람들을 노래하게 했지요. 두꺼운 옷을 벗어 던진 사람들은 들과 산으로 소풍을 나와 반갑게 봄을 맞이했어요. 점점 기운을 잃은 겨울은 자신의 허풍을 후회했답니다.

부자 사이도 갈라놓은 침소봉대

　영조 임금은 42세에 귀한 아들을 얻었습니다. 늦게 얻은 아들인 데다가, 첫째 아들인 효장 세자가 죽자 영조 임금은 어린 사도 세자를 매우 소중하게 여겼습니다.

　그 당시 신하들은 노론과 소론으로 편을 나누어 극심한 권력 다툼을 벌이고 있었어요. 양쪽으로 나뉜 신하들은 사이좋던 영조와 사도 세자 사이를 이간질

했고, 이로 인해 둘 사이는 점점 멀어지게 되었지요.

노론 쪽 신하들은 노론의 편에 서지 않는 사도 세자를 쫓아내려고 했어요. 이들은 사도 세자가 왕위를 호시탐탐 엿보고 있다고 영조 임금에게 거짓말을 했고, 사도 세자의 작은 허물까지도 침소봉대하여 알렸어요. 영조 임금은 자신이 예전에 아버지의 임금 자리를 노렸던 기억을 떠올리며 신하들의 말에 솔깃하고야 말았습니다.

게다가 노론 집안의 딸인 부인 혜경궁 홍씨마저도 남편의 편을 들 수 없는 상황이 되면서 사도 세자는 마음을 의지할 곳이 단 한 곳도 없었어요. 결국 노론 쪽 신하들이 영조를 부추겨 사도 세자는 뒤주 속에 갇혀 비참하게 죽음을 맞이하게 되었답니다.

많은 사람들이 사도 세자의 부정한 행실과 폭군의 모습만 기억하지만, 여러 정치적 상황에 휘말리기 전까지는 백성들을 위해 물가를 안정시키는 정책을 펴는 등 총명한 군주가 될 면모를 보이기도 했답니다.

119

스티븐 스필버그의 침소봉대

작은 것을 부풀려 크게 과장하는 것은 당연히 나쁜 일이에요. 그렇지만 때때로 조그만 호기심이나 사소한 관심이 엄청나게 창조적인 것들을 만들어 내기도 한답니다.

유명한 영화감독인 스티븐 스필버그는 자신의 영화 속에 어린 시절 직접 겪은 사소한 경험들을 큰 비중을 두고 표현하는 일이 종종 있었습니다. 자신이 마구 어질러 놓았던 어린 시절의 방 모습이 영화 속의 주요 배경으로 나오기도 하고, 자신을 괴롭혔던 친구의 모습 역시 영화 속에서 주인공을 괴롭히는 친구로 나오기도 하지요.

스티븐 스필버그와 그를 좋아했던 가수 마이클 잭슨은 어느 해 여름 휴가를 같이 보낸 적이 있었다고 합니다. 휴가를 간 곳에서조차 스티븐 스필버그는 잠시도 쉬지 않고 끊임없이 아이디어를 생각하거나, 호기심 많은 아이들처럼 장난을 했다고 해요. 호들갑스럽게 즉석에서 생각해 낸 이야기로 영상을 만들며 마이클 잭슨에게 조명을 맡기기까지 했지요.

순간적인 생각이나 대수롭지 않은 경험들도 그냥 넘기지 않고 새로운 시도로 연결해 보는 것은 오늘날 그를 세계 최고의 영화감독으로 만든 훌륭한 버릇이었답니다. 과장해서 남을 속이는 침소봉대의 의미와는 다르지만 작은 아이디어를 크게 발전시켜 큰 결실을 얻는 것은 정말 멋진 일이겠지요.

▶ 스티븐 스필버그(1947~): 미국의 영화감독이자 제작자예요. 스필버그가 만든 영화 중에는 크게 흥행한 영화가 아주 많아요. 〈죠스〉, 〈ET〉, 〈쥐라기 공원〉 등이 대표적이고, 1994년에는 〈쉰들러 리스트〉로 아카데미상을 받기도 했어요.

고사성어 하나 더!

침소봉대와 비슷한 말
과대황장

과대황장(過大皇張)은 실제보다 지나치게 떠벌린다는 말이에요. 작은 것을 과장하여 말하는 침소봉대와 비슷한 말이지요. 인터넷 신문 기사를 보면 침소봉대하거나 과대황장한 기사들을 많이 볼 수 있어요. 사람들의 관심을 끌기 위해 별일 아닌 내용을 그럴싸하게 포장하는 것이지요.

이 고사성어를 영어로 표현한 문장을 해석해 보면 '두더지가 구멍을 파면서 만든 흙더미를 보고는 산이라고 한다.'라는 뜻이 돼요. 머릿속으로 떠올려 보면 얼마나 심한 과장인지 느낄 수 있을 거예요.

杞人之憂

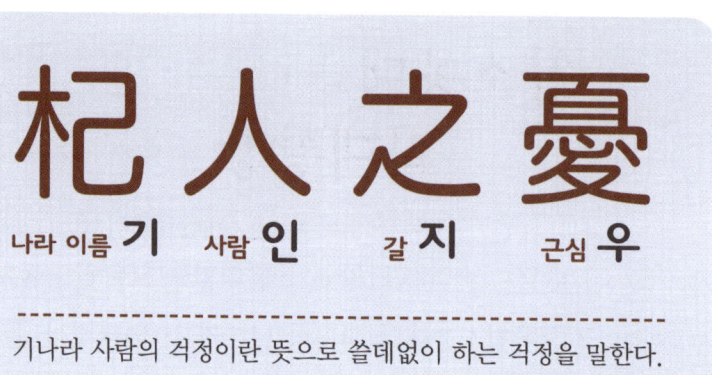

나라 이름 **기**　사람 **인**　갈 **지**　근심 **우**

기나라 사람의 걱정이란 뜻으로 쓸데없이 하는 걱정을 말한다.

 기인지우

이럴 때 쓰는 거예요!

지진을 걱정하는 동생

　어제 텔레비전에서 일본에 지진이 난 뉴스가 나왔어요. 도로가 갈라지고 건물이 무너진 처참한 모습이었지요. 다치고 죽은 사람들도 많았고, 모두가 난민처럼 살고 있었어요.

　그 뉴스를 보고 나자 제 동생은 우리나라에도 지진이 날까 봐 걱정하기 시작했어요. "학교 가는 길에 땅이 갈라지면 어떡하지?"라고 하면서 집 밖으로 나가기도 무서워서 도저히 학교에 갈 수가 없다고 하는 거예요.

　결국 엄마에게 지진이 날까 봐 무서워서 학교에 못 가겠다고 말씀드렸어요. 그러자 엄마는 한숨을 푹 쉬며, "하늘이 무너질까 걱정하는 사람이랑 같구나. 기인지우가 따로 없네."라고 하셨어요. 제 동생이 빨리 쓸데없는 걱정에서 벗어났으면 좋겠어요.

이럴 땐 쓰지 않아요!

　할아버지가 많이 아프셔서 병원에 입원하셨어요. 할아버지가 돌아가실까 봐 걱정이에요. 온 가족이 기인지우로 표정이 어두워요. 할아버지께서 빨리 건강해져서 퇴원하셨으면 좋겠어요.

　★ 할아버지께서 아프셔서 걱정하는 건 쓸데없는 걱정이 아니라 당연한 걱정이지요. 이럴 때는 '기인지우'라는 말을 쓰지 않아요.

 기인지우

기나라 사람의 걱정

중국 기나라에 걱정이 많은 사람이 살고 있었어요. 그 사람이 하는 걱정은 대부분 쓸데없는 것이었지요.

"혹시 하늘이 무너지면 어떻게 하지? 땅이 꺼지면 어디로 가야 하지?"

주로 이런 걱정을 했답니다. 이런 걱정을 하느라 밥도 먹지 못했고, 잠도 잘 자지 못했어요. 주위 사람들은 그런 쓸데없는 걱정을 하는 그 사람이 걱정이었지요.

하루는 한 친구가 와서 말했어요.

"자네는 괜한 걱정을 하고 있는 걸세. 하늘은 기운이 쌓여서 된 것이라네. 단단한 기(氣)로 이루어져 있으니 무너질 리가 있겠는가."

"그럼 땅은 어떻겠나? 땅이 꺼지면 어떻게 하나?"

"땅은 흙이 쌓이고 굳어져 이루어진 것이라네. 흙이 사방에 꽉 차 있는데 꺼질 리가 있겠는가. 이제 그런 쓸데없는 걱정은 그만하세."

걱정 많은 사람은 친구의 이야기를 듣고 나서야 걱정을 멈출 수 있었답니다.

이 이야기에서 '기인지우'라는 고사성어가 나왔어요. '기나라 사람의 근심'이란 뜻으로 쓸데없는 걱정을 이르는 말이에요. 기인지우는 줄여서 '기우'라는 말로 더 많이 사용되고 있어요.

도깨비들의 기인지우

옛날 어느 마을에 마음씨 착한 나무꾼이 살고 있었어요. 그날도 나무꾼은 나무를 하러 산속으로 들어갔지요. 나무를 하려는데 어디선가 개암 하나가 굴러왔어요. 나무꾼은 그 개암을 아버지께 드려야겠다며 주머니에 넣었어요. 그러자 개암 하나가 또 굴러왔어요. 착한 나무꾼은 그 개암은 어머니께 가져다 드리겠다며 주워 넣었어요. 마지막으로 또 하나가 굴러오자 그제서야 자신이 먹겠다며 주워 넣었지요.

한참 나무를 하다 보니 어느새 해가 저물었어요. 날이 어두워 산을 내려가기가 어렵게 되자 나무꾼은 어느 빈집에서 쉬었다 가기로 했어요.

빈집에 들어와 한숨 돌리려는데 갑자기 도깨비들이 들이닥쳤어요. 나무꾼은 들키지 않게 재빨리 구석에 숨었어요.

도깨비들은 나무꾼이 있는 줄도 모르고 방망이를 휘둘러 금은보화와 맛있는 음식을 나오게 했어요. 나무꾼은 도깨비들이 음식을 먹는 모습을 보자 자기도 배가 고파졌어요. 그래서 개암을 꺼내 깨물었지요.

"딱!"

조용한 집 안에 개암 깨무는 소리가 얼마나 컸던지, 도깨비들은 깜짝 놀라고 말았어요.

"이 집이 무너지려나 봐. 얼른 도망가자."

개암 소리에 집이 무너질까 봐 걱정된 도깨비들은 방망이도 버리고 도망가고 말았습니다. 물론 도깨비들의 기인지우였지요.

착한 나무꾼은 도깨비들이 버리고 간 방망이를 가져다가 잘 살았답니다.

걱정 많은 참새

걱정이 너무 많은 참새가 있었어요. 다른 참새들은 파란 하늘을 날아다니며 신나게 지내고 있었지만, 이 참새는 언제나 걱정이 가득했어요. 언제 먹이를 찾아야 할지, 나는 연습은 언제 해야 할지가 항상 걱정이었답니다.

참새의 걱정은 나날이 더해 갔지요. 다른 참새들은 그사이에 나는 연습을 하고, 먹이를 찾으며 살아갔지만, 이 참새만 걱정을 하느라 아무것도 하지 못했습니다. 심각한 기인지우에 빠져 있었던 것이지요.

결국 이 참새는 걱정만 하다가 굶어 죽고 말았습니다. 걱정을 하기보다는 한 가지씩 행동으로 옮겼다면 잘 살아갈 수 있었을 텐데 말이지요.

> 고사성어 하나 더!

기인지우와 비슷한 말
노파심

 쓸데없이 하는 걱정인 기인지우와 비슷한 말로 '노파심(老婆心)'이 있어요. 노파심에서 '노파'는 바로 할머니를 뜻해요. 할머니들은 언제나 자식과 손주들을 걱정하지요. 이렇게 할머니처럼 남의 일을 지나치게 걱정하고 염려하는 마음을 노파심이라고 한답니다.

表裏不同
겉 표   안 리   아니 부   같을 동

겉과 속이 같지 않다는 뜻으로,
속마음과 다르게 말하거나 행동하는 것을 의미한다.

 표리부동

이럴 때 쓰는 거예요!

표리부동한 미진이

 미진이는 나와 가장 친한 친구예요. 집도 바로 옆집이고 학교에서도 같은 반이어서 자연스럽게 친해졌어요. 미진이랑은 뭐든지 함께한답니다. 학원도 같이 다니고, 놀 때도 함께 놀지요. 마음도 잘 맞아서 싸운 적도 없어요.

 그런데 우연히 다른 친구들과 미진이가 내 이야기를 하는 걸 듣게 되었어요. 미진이가 사실은 나와 놀기 싫은데 집이 옆집이라 어쩔 수 없이 친하게 지낸다고 말하는 거예요. 나는 너무도 큰 충격을 받았어요. 언제나 나한테는 나와 친하게 지내서 정말 좋다고 말해 왔거든요. 미진이가 이렇게 표리부동한 아이인 줄 몰랐어요. 앞으로 미진이와 어떻게 지내야 할지 모르겠어요.

이럴 땐 쓰지 않아요!

 어제 슈퍼마켓에 갔다가 새로 나온 과자를 샀어요. 포장지가 너무 고급스럽고 예뻐 보였거든요. 하지만 실제로 먹어 보니 과자는 너무 맛이 없었어요. 정말 표리부동한 과자예요.

 ★ 과자의 포장지와 맛은 아무 상관이 없어요. 표리부동은 사람이 겉과 속이 다르게 행동하거나 말할 때 쓰는 표현이지, 이럴 때 쓰는 말이 아니랍니다.

 이야기 속 표리부동

벌거벗은 임금님

　옛날 어느 나라에 옷을 좋아하는 한 임금님이 살았어요. 이 임금님은 새 옷을 자랑하는 일에만 늘 신경을 썼지요. 하루는 두 사기꾼 재봉사가 임금님을 찾아왔어요. 이들은 임금님에게 세상에서 가장 멋진 옷을 만들어 주겠다고 제안했지요. 지위에 어울리지 않는 사람이나 바보의 눈에는 보이지 않는 옷이라고 하면서요. 임금님은 두 사기꾼에게 돈을 듬뿍 주고 당장 옷을 만들게 했어요.

　임금님은 신하들에게 두 재봉사가 작업하는 걸 살피게 했어요. 신하들의 눈에는 만들어지고 있는 옷이 보이지 않았지만, 자신을 바보라고 여길까 봐 모두 옷이 잘 만들어지고 있다고 거짓말을 했어요. 아무것도 없는 것이 사실이었지만

요. 이번에는 임금님이 직접 옷 만드는 모습을 살펴봤어요. 임금님 역시 옷이 보이지 않았지만 자신이 어리석고 지위에 어울리지 않는다는 소리를 들을까 봐 멋진 옷이라고 칭찬을 했답니다.

결국 임금님은 그 옷을 입고(사실은 벌거벗고) 행진을 했어요. 임금님의 모습을 본 한 아이가 "아무것도 안 입었잖아." 하고 외쳤어요. 그러자 모든 사람들이 임금님이 벌거벗었다고 수군거리거나 소리쳤지요.

임금님 역시 자신이 벌거벗었다는 사실을 깨달았지만 모른 척 행진을 계속했다고 해요. 표리부동한 모습이지요.

표리부동한 일제

우리나라는 1910년부터 1945년까지 일제의 식민지였던 슬픈 역사를 갖고 있어요. 일제는 우리나라를 식민지로 만들기 전 우리나라를 근대화시킨다고 하면서 도로, 수도 같은 시설을 만들고 은행, 학교, 병원 등의 건물을 지었어요. 하지만 이런 근대 시설들은 우리나라의 근대화를 위한 게 아니었어요. 우리나라에 와 있는 일본 사람들을 위한 것이었고, 장차 우리나라를 식민지로 만들기 위한 발판이었지요. 진정 표리부동한 모습이었어요.

일제의 표리부동은 여기서 끝나지 않았어요. 처음에 총칼을 동원해서 무력으로 우리나라를 다스리던 일제는 3·1 운동 이후에는 '문화 통치'라는 방법을 썼어요. 총과 칼이 아닌 부드러운 방식으로 다스리며 우리 민족의 문화와 관습을 존중해 줄 거라고 했지요. 하지만 이 문화 통치는 몹시 표리부동한 통치 방식이었어요. 한글 신문을 만들 수 있게 허락한다고 했지만 기사를 더 철저히 감시하여 일제에 유리한 내용을 싣도록 했고, 교육을 더 많이 시켜 준다고 하면서 사실은 친일파를 기르는 교육을 한 거예요. 겉으로는 우리 민족을 달래는 척하면서 일제의 지배를 자연스럽게 받아들이도록 한 것이었답니다.

표리부동한 늑대와 현명한 양

한 배고픈 늑대가 길을 가던 중 양 떼를 발견했어요. 늑대는 양을 잡아먹기 위해 숨을 죽이고 조심조심 다가갔지요. 하지만 양 떼를 지키고 있던 개에게 그만 들켜 버렸지요. 늑대는 있는 힘껏 도망쳤지만 개에게 잡혀 여기저기를 물리고 말았어요.

간신히 개에게서 풀려났지만 다친 늑대는 얼마 못 가 지치고 말았지요. 그때 무리에서 떨어진 양 한 마리가 늑대 근처를 지나가고 있었어요. 늑대는 양을 향해 사정하듯 말했어요.

"양아! 내가 너무 목이 마른데, 개에게 물려 다치는 바람에 꼼짝할 수도 없구나. 나에게 물을 가져다주면 다시는 너희 양들을 괴롭히지 않을게."

늑대는 부드러운 미소를 띠고 이렇게 말했지만, 사실은 양이 가까이 오면 잡아먹을 생각을 하고 있었어요.

"늑대야, 네가 지금 힘없는 모습으로 웃고 있지만 너에게 물을 갖다 주면, 넌 반드시 나를 잡아먹을 거야."

양은 이렇게 말하며 늑대를 버려두고 그냥 가 버렸어요. 현명한 양은 표리부동한 늑대의 모습을 잘 알고 있었던 거예요.

고사성어 하나 더!

표리부동과 비슷한 말
구밀복검

구밀복검(口蜜腹劍)은 입으로는 달콤한 말을 하면서 배 속에 칼을 지녔다는 뜻이에요. 겉과 속이 다르다는 의미로 표리부동과 비슷한 말이지요.

중국 당나라의 현종 곁에는 이임보라는 간신이 있었어요. 이임보는 임금 앞에서는 비위를 맞추면서 충신인 척했지만, 절개가 곧은 신하의 충언은 절대 임금의 귀에 들어가지 못하게 했지요. 또 자신의 비위에 맞지 않거나 자신보다 뛰어난 신하들은 무슨 수를 쓰든 제거해 버렸어요. 그런 이임보를 보고 사람들이 '구밀복검'이라고 불렀다고 해요.

행동

"각자 개성이 다른데 어떤 행동이 더 좋은지
판단할 수는 없는 것 아닌가요?"
"어른들은 깊이 생각하고 신중하게 행동하라고 하지만
저 같은 어린이에겐 너무 힘든 일이에요."
"내가 하는 모든 행동에 대해 책임을 져야 한다면
겁나서 아무것도 못할 것 같아요."

항상 깊이 있게 생각하고 행동해야 하지만
가끔은 생각할 시간 없이 급박한 상황에 대처해야 하는 경우가 있어요.
때로는 자기도 모르게 가볍게 행동할 때도 있고,
잘못된 행동을 하기도 하지요.
하지만 모든 행동을 딱 잘라 '바른 행동', '나쁜 행동'으로
판단할 수 없는 경우도 많답니다.
여러 가지 상황과 행동에 대해
잘 풀이해 놓은 고사성어를 공부해 보세요.

행동을 나타내는 고사성어

임기응변 (臨機應變)

개과천선 (改過遷善)

거두절미 (去頭截尾)

결자해지 (結者解之)

경거망동 (輕擧妄動)

고군분투 (孤軍奮鬪)

명명백백 (明明白白)

臨機應變
임할 임 틀 기 응할 응 변할 변

그때그때의 형편에 따라 알맞게 일을 처리하는 것을 뜻한다.

 임기응변

이럴 때 쓰는 거예요!

수영이의 임기응변

  수영이는 늘 덜렁대고 실수투성이예요. 스스로 그런 줄 잘 알면서도 버릇을 고치는 게 쉽지 않은가 봐요. 메모하는 습관을 기르고 학교 갈 때도 빠진 게 없는지 한 번 더 확인해 본다고 하지만 습관은 고쳐지지 않아요.

  그런데 이런 덜렁이 수영이가 말은 얼마나 잘한다고요. 그래서 그때그때 위기를 잘 모면한답니다. 오늘도 미술 준비물인 찰흙을 안 갖고 왔지만, 휴지와 종이 등 주변에 있는 재료를 활용해서 멋진 작품을 만들어 냈어요. 그리고 작품에 대해 발표를 할 때 휴지와 종이를 활용한 것에 대해 아주 그럴듯하게 이유를 대어 선생님에게 칭찬을 받기도 했어요.

이럴 땐 쓰지 않아요!

  우리 선생님은 임기응변을 잘해요. 왜냐하면 전에 전쟁은 나쁘고 어떤 경우라도 사람을 다치게 하는 것은 용서할 수 없는 일이라고 했는데, 오늘은 이순신 장군이 일본군을 무찌른 것은 대단한 일이라고 하잖아요.

★ 이순신 장군은 우리나라에 쳐들어온 일본군에 맞서 백성의 생명과 나라를 지켜야 했어요. 싸울 수밖에 없는 상황이었지요. 이러한 역사적 상황에 대한 이야기를 두고 임기응변이라고 할 수는 없답니다.

 임기응변

혹을 뗀 혹부리 영감

옛날 옛날에 커다란 혹이 달린 혹부리 영감이 살았어요. 어느 날 산에 나무를 하러 갔다가 소나기를 만난 혹부리 영감은 비를 피하러 빈집에 들어갔답니다. 잠시 비만 피하고 간다는 게 그만 잠이 들어 버렸어요. 깨어 보니 어느새 밖은 깜깜한 밤이었지요. 산속의 빈집에 혼자 있으니 무서운 생각이 든 혹부리 영감은 무서움을 떨쳐 버리려고 노래를 한 곡 불렀습니다. 원래 노래 부르기를 좋아하던 혹부리 영감은 흥에 겨워 몇 곡을 연달아 불렀지요.

그때 웅성거리는 소리와 함께 도깨비들이 나타났습니다. 그 집은 도깨비들의 집이었거든요. 혹부리 영감은 덜컥 겁이 났지만 모른 척하고 더 신나게 노래를 불렀어요. 그러자 도깨비 중에 하나가 노래를 잘 부르는 비결이 뭔지 물었어요. 재치 있고 임기응변에 능한 혹부리 영감은 이렇게 말했어요.

"내 노래는 여기 커다란 혹 주머니에서 나오는 걸세."

도깨비들은 혹을 떼어 가고 대신 금은보화를 주었어요. 혹부리 영감은 거추장스럽고 보기 흉한 혹을 떼어 버리고, 금은보화까지 얻어 무사히 산을 내려올 수 있었어요. 혹부리 영감의 임기응변이 그를 부자로 만든 것이지요.

나폴레옹의 준비된 임기응변

나폴레옹은 세계적으로 손꼽히는 위대한 인물이에요. 물론 무리하게 영토 확장을 하려고 해 유럽을 오랫동안 전쟁에 시달리게 했다는 비판을 받지만, 영웅적인 업적도 많이 남겼답니다. 프랑스의 중앙 집중식 행정 제도, 나폴레옹 법전, 은행, 대학, 육군 사관 학교 등을 만들어 프랑스뿐만 아니라 세계의 역사에 큰 영향을 미친 인물로 평가받고 있지요.

나폴레옹을 기록한 역사책들은 특히 그의 뛰어난 임기응변 능력을 크게 다루고 있어요. 그러나 나폴레옹이 남긴 말들을 살펴보면 세상을 놀라게 한 그의 임기응변이 얼마나 치밀하게 준비된 것이었는지 알 수 있습니다.

"나는 언제나 일하고 있다. 그리고 늘 생각한다. 내가 항상 어떠한 일에 직면했을 때 당황하지 않고 즉시 처리할 수 있는 것은 미리 여러 가지 경우에 대해서 생각해 두었기 때문이다. 다른 사람이 예상조차 할 수 없는 돌발적인 상황에 놓였을 때 즉시 해결해 버리는 것은 내가 천재이기 때문이 아니라, 평상시에 계속된 명상과 반성의 결과인 것이다. 식사할 때, 혹은 극장에서 오페라를 구경할 때도 나의 머릿속은 늘 움직이고 있다."

임기응변으로 보이는 말조차 미리 생각해 둔 것이라는 나폴레옹. 잠시도 쉬지 않고 앞으로 있을 일에 대해 생각하고 준비하는 그의 노력이 없었다면 오늘날 나폴레옹이란 이름을 기억하는 사람은 없겠지요.

어리석은 왕에게 어리석은 사신을

중국 제나라 때의 일이었어요. 안영이라는 신하가 왕의 심부름으로 초나라에 가게 되었어요. 그런데 초나라의 왕은 어리석은 사람이라 몸집이 왜소한 안영을 보고 제나라에는 이렇게 인물이 없느냐고 비웃었습니다. 그러자 안영은 이렇게 말했어요.

"우리나라에서는 어진 왕에게는 어진 사람을 보내고, 어질지 못한 왕에게는 어질지 못한 사람을 사신으로 보냅니다. 우리나라에서는 제가 가장 어질지 못한 사람이라 초나라로 오게 된 것이지요."

겸손한 척하면서 초나라 왕의 어리석음을 탓하는 안영의 임기응변이었지요. 이렇게 상황에 맞는 임기응변으로 잘난 체하는 상대를 아무 말도 할 수 없게 만들 수 있답니다.

고사성어 하나 더!

임기응변과 비슷한 말

　임기응변과 비슷한 말에는 수기응변(隨機應變), 수시응변(隨時應變)이라는 말이 있어요. 수기응변은 그때그때의 기회에 따라 적절히 일을 처리한다는 뜻이고, 수시응변은 그때그때 변하는 대로 따라 한다는 뜻이에요. 둘다 임기응변처럼 상황에 맞게 일을 처리할 때 쓰는 말이지요.
　이처럼 예상치 못한 상황에서 적절하게 일을 처리하기 위해서는 평소에도 다양한 생각을 해 보고, 책이나 경험을 통해서 준비하는 자세가 필요하답니다.

改過遷善

고칠 개　　지날 과　　옮길 천　　착할 선

과거의 잘못된 점을 고쳐 착하게 되는 것을 뜻한다.

 # 개과천선

이럴 때 쓰는 거예요!

잃어버린 동생을 찾고 개과천선한 나

　엄마가 병원에 가면서 동생 성호를 잘 데리고 놀라고 했어요. 그런데 친구들과 축구하느라 성호가 혼자 있다는 걸 잊어버렸지 뭐예요. 갑자기 생각이 나서 돌아보니, 혼자 그네를 타고 있던 성호가 안 보였어요. 경비 아저씨와 함께 찾으러 다녔지만, 성호를 찾을 수가 없었죠.

　날이 어두워지자 엄마에게 혼나는 것보다 동생을 다시 못 볼 수도 있다는 생각이 들어 무서웠어요. 결국 저녁이 다 되어서야 공원에서 얼굴이 눈물로 범벅이 되어 두려움에 떨고 있는 성호를 찾을 수 있었어요. 앞으로는 동생을 정말 잘 보살피겠다고 다짐했어요.

이럴 땐 쓰지 않아요!

　엄마가 동생과 나누어 먹으라고 팬케이크를 만들어 주고 외출했어요. 근데 동생은 그새 잠이 들어 버렸지요. 하나만 맛을 보려고 했는데 나도 모르게 그만 다 먹어 버리고 말았어요. 잠에서 깨어 울상이 된 동생을 보고는 개과천선해야겠다고 다짐했답니다.

★ 간식을 혼자 먹어 버린 행동을 큰 허물이라고 하기는 어색해요. 개과천선은 큰 허물을 고쳐 새롭게 태어나는 경우에 쓴답니다.

 개과천선

소가 된 게으름뱅이

하루 종일 빈둥거리며 꼼짝도 하기 싫어하는 게으름뱅이가 있었습니다. 어머니가 아픈 날에도 손 하나 까딱하지 않고 누워만 있었죠. 게으름뱅이는 어느 날 낮잠을 자다가 꿈을 꾸게 되었어요. 꿈속에서 누군가가 소가 되면 풀이나 뜯고 잠이나 자면 된다고 했어요. 게으름뱅이는 얼씨구나 하면서 얼른 소가 되는 탈을 썼답니다.

하지만 소가 되어 팔려 간 게으름뱅이는 하루도 쉴 수 있는 날이 없었어요. 아침부터 저녁까지 고된 농사일을 해야 했지요. 그때서야 게으름뱅이는 고생하는 어머니의 마음을 헤아리게 되었지요. 게으름뱅이는 힘든 생활을 견디다 못해 죽으려다가 꿈에서 깨어났습니다. 그 뒤로 개과천선한 게으름뱅이는 부지런히 일하면서 어머니를 잘 모셨답니다.

개과천선한 스크루지

스크루지 영감은 눈곱만큼도 남을 배려할 줄 모르는 구두쇠였어요. 친척들이 식사 초대를 해도 오히려 화를 내며 집으로 돌아와 혼자 지냈답니다. 그런 스크루지 영감에게 크리스마스 전날 밤, 세 명의 유령이 나타났습니다.

스크루지 영감은 제일 먼저 '과거의 유령'을 따라가 어린 시절 자신의 모습을 보게 되었어요. 가난하게 외톨이로 지냈던 자신의 소년 시절 모습을 보면서 스크루지 영감은 눈물을 흘렸답니다.

그다음에는 '현재의 유령'을 따라 자신의 가게에서 일하는 점원의 가족들이 저녁 식사를 하는 모습을 보았어요. 초라한 식사를 하면서도 행복해하는 점원 가족들의 모습을 보면서 스크루지 영감은 가족 간의 사랑이 무엇인지 깨닫게 되었어요.

마지막으로 '미래의 유령'을 따라가 미래의 모습을 보게 되었어요. 아무도 찾지 않는 자신의 무덤은 쓸쓸해 보였어요. 이렇게 자신의 과거와 현재, 미래의 모습을 모두 보게 된 스크루지 영감은 잘못을 뉘우치고 개과천선해서 인자한 할아버지가 되었어요. 아이들에게 선물을 나누어 주고, 가난한 사람들을 집으로 초대하여 맛있는 음식도 나누어 먹었답니다.

▶ 찰스 디킨스(1812~1870)의 《크리스마스 캐럴》: 찰스 디킨스는 영국의 소설가예요. 부자에 대한 풍자와 사람들이 살아가는 동안의 고통과 슬픔을 글로 잘 표현하여 명성을 얻었어요. 대표적인 작품으로는 《크리스마스 캐럴》과 《올리버 트위스트》가 있어요. 특히 《크리스마스 캐럴》은 1843년에 나온 소설로 못된 스크루지가 자신의 모습을 돌아보고 착하게 바뀐다는 내용으로 많은 교훈을 준답니다.

개과천선하여 학자가 된 주처

옛날 중국 진나라 때 주처라는 사람이 살았어요. 그는 굉장히 힘이 세고 튼튼한 사람이었는데 아버지가 세상을 떠나자 사람을 때리고 마을의 물건들을 부수는 난폭한 성격으로 변했어요. 그래서 마을 사람들은 마을에 나타나는 나쁜 호랑이와 교활한 용과 함께 주처를 마을의 세 가지 원수라고 불렀답니다.

그런데 나이가 들면서 주처는 과거의 잘못을 반성하고, 마을 사람들을 위해 호랑이와 용을 무찔렀어요. 그렇게 하면 사람들이 자신을 다시 좋아해 줄 거라고 생각했지요. 그러나 한 번의 선행으로 마을 사람들의 마음을 돌이킬 수는 없었지요. 결국 주처는 마을을 떠나 당시에 이름을 떨치던 학자인 육기를 찾아갔어요. 육기는 "마음을 굳게 먹고 지난날의 잘못을 반성하고 새로운 사람이 되면 자네의 앞날은 아주 밝을 걸세. 개과천선하시게."라고 말했어요. 주처는 용기를 얻어 그때부터 열심히 공부해 훌륭한 학자가 되었답니다.

> 고사성어 하나 더!

개과천선과 비슷하게 쓰이는
환골탈태

개과천선과 비슷하게 쓰이는 말인 환골탈태(換骨奪胎)는 '뼈를 바꾸고 태를 바꾸어 쓴다.'라는 뜻으로 몸과 얼굴이 몰라볼 만큼 좋게 변한 것을 보고 하는 말입니다. 시나 문장이 다른 사람의 손을 거쳐 더욱 멋지고 새로운 글로 바뀐 경우에도 환골탈태라는 표현을 쓰지요.

일반적으로 눈에 보이지 않는 잘못된 생각을 깨닫고 착하게 바뀌는 경우 '개과천선'했다고 하고, 사람의 용모나 글 등 눈에 보이는 멋진 변화를 '환골탈태'라고 표현하는 경우가 많습니다.

去頭截尾
버릴 거　머리 두　자를 절　꼬리 미

머리와 꼬리는 잘라 버린다는 뜻으로
앞뒤 설명은 빼고 요점만 간단하게 말하는 것을 의미한다.

 # 거두절미

이럴 때 쓰는 거예요!

거두절미하고 빨리 발표해 주세요

　아빠 엄마는 부모님 자리에 앉아 있어요. 내가 돌아보자 손가락으로 V 자를 만들며 활짝 웃어 주었지만, 마음은 분명 초조할 거예요. 나는 두 달 동안 열심히 영어 웅변 대회를 준비했어요. 1등을 하는 것보다 최선을 다하는 게 중요하다는 걸 알지만, 그래도 이번 대회에서 꼭 상을 받고 싶어요. 그런데 수상자 발표를 하러 나온 선생님은 올해 참가자들의 특징에 대해 길게 설명을 하고 있어요. 조마조마해서 손에 땀이 날 정도예요. 선생님이 얼른 수상자 명단을 발표했으면 좋겠어요. 꼭 상을 받아 부모님을 기쁘게 해 드리고 싶어요.

이럴 땐 쓰지 않아요!

　오늘도 컴퓨터 게임을 2시간이나 했다고 엄마에게 야단을 맞았어요. 뭘 잘못했는지 잘 아는데도 엄마는 "훌륭한 사람이 되려면, 스스로 자신을 관리할 줄 알아야지."라고 잔소리를 늘어놓아요. 엄마가 계속 말하는 걸 듣기가 싫었던 나는 "엄마, 거두절미하고 그냥 컴퓨터 게임 하지 말라고 하세요."라고 했지요.

　★ 엄마 말씀은 모두 자식을 위한 거예요. 정해진 시간 이상 게임을 해서 야단을 치는 엄마에게 거두절미하라는 말을 하는 것은 버릇없는 행동이에요.

 거두절미

비단 장수와 원님

비단 보따리를 지고 장사를 다니던 비단 장수가 나무 그늘에서 잠깐 낮잠을 자는 사이 비단 보따리를 통째로 잃어버렸어요. 낭패를 당한 비단 장수는 그 고을의 원님을 찾아가서 자초지종을 말했어요. 원님은 현명한 판단을 내리기로 널리 알려져 있었지요. 그런데 이번 일에 대해서는 어이없는 판결을 내렸어요. 재판장에 모인 사람들을 다 감옥에 가두어 버린 거예요. 원님은 억울하다는 고을 사람들의 하소연에 "거두절미하고 비단을 사 오면 감옥에서 풀어 주겠다."라고 했지요. 그런데 그중에서 값비싼 비단을 사 온 사람은 한 명뿐이었어요. 바로 비단을 훔친 도둑이었지요. 비단 장수는 지혜로운 원님 덕에 비단을 되찾을 수 있었답니다.

거두절미보다 더 강력한 촌철살인

　머리와 꼬리는 잘라 버리고 요점만 간단히 말한다는 '거두절미'보다 더 핵심을 찌른다는 표현은 바로 '촌철살인(寸鐵殺人)'이에요. 글자 그대로 풀이하면 한 치의 쇠붙이로 사람을 죽인다는 뜻입니다. 실제 사람을 죽인다는 의미가 아니라 날카로운 말 한마디로 상대편의 약점을 찌르는 것을 비유한 표현이지요. 재치와 순발력이 있는 사람이 짧은 말 한두 마디로 상대방의 허점을 꼬집는 경우를 촌철살인이라고 한답니다.

　원래 '촌(寸)'은 손가락 한 마디 길이를 말하며, '철(鐵)'은 쇠로 만든 무기를 뜻한답니다. 따라서 '촌철'이란 손가락 한 마디 길이밖에 안 되는 무기를 의미하지요. 그래서 촌철살인이란 주저리주저리 늘어놓지 않고, 단 한두 마디로 상대방을 제압해 버리는 말이나 글의 힘을 가리킵니다.

　원래 이 말은 중국 남송 시대의 학자 나대경이 지은 《학림옥로》라는 책에서 찾을 수 있습니다. 종고 선사라는 분이 선(불교에서 마음을 한곳에 모아 조용히 생각하는 일)에 대해 말한 내용을 이렇게 기록하고 있지요.

　'어떤 사람이 한 수레의 무기를 싣고 왔다고 해서 사람을 죽일 수 있는 것이 아니다. 나는 한 치도 안 되는 칼만 있어도 곧 사람을 죽일 수 있다.'

　이 말에서 살인이란 칼로 상처를 입히는 것이 아니라, 사람의 마음속에 있는 속된 생각을 없애는 것을 의미하고 있답니다. 깨달음에 이르지 못한 사람은 속된 생각을 없애기 위해 이런저런 방법을 쓰겠지만 정신의 집중이 부족하기 때문에 모두 헛될 뿐이고, 모든 일에 대해 온 마음을 기울일 때 큰 깨달음을 얻게 된다는 것을 뜻하지요.

이름이 긴 부잣집 도련님의 죽음

옛날 옛날에 자식이 귀하던 어느 부잣집에서 드디어 아들을 얻게 되었어요. 옛날에는 여러 가지 질병으로 아이들이 일찍 죽는 경우가 많았어요. 그래서 오래오래 건강하라고 가장 오래 사는 생물의 이름을 다 붙여서 이름을 지었어요. 그러자 성은 김씨이고 이름은 수한무거북이와두루미삼천갑자…… 길고 길어 다 외우기도 힘든 지경이 되었지요.

그러던 어느 날, 부잣집의 귀하디 귀한 도련님이 물에 빠졌어요. 깜짝 놀란 하인이 도련님을 구하려고 소리쳤어요.

"김수한무거북이와두루미삼천갑자동박삭…… 도련님이 강에서 노시다가요. 김수한무거북이와두루미삼천갑자동박삭…… 도련님이 물에 빠지셨어요. 김수한무거북이와두루미삼천갑자동박삭…… 도련님 좀 구해 주세요."

결국 부잣집에서는 금쪽같은 아들을 잃고 말았어요. 거두절미하고 그냥 "사람 살려!"라고 했다면 부잣집 도련님은 살 수 있었을 거예요.

머리 떼고 꼬리 떼고, 차 떼고 포 떼고?

　엄마가 맛있게 구워 준 갈치구이를 떠올려 보세요. 머리 떼고 꼬리 떼고 몸통만 지글지글 구워 주지요? 발라 먹기 좋은 맛있는 살만 먹으라고요. 거두절미는 이처럼 가장 중요한 부분만을 의미해요.

　그런데 '차 떼고 포 떼고'라는 말도 들어 본 적 있나요? 이 말은 장기에서 나온 말이에요. 장기에는 졸, 마, 상, 사, 차, 포 등의 알이 있는데, 이 중에 차는 쭉쭉 거침없이 나갈 수 있고 포는 껑충껑충 넘어갈 수 있답니다. 그래서 장기를 둘 때 차 떼고 포 떼면 상대방을 이기기가 힘들어요. '차 떼고 포 떼고'는 중요한 건 다 빼 버린다는 의미로, 거두절미하고는 전혀 다르게 쓰이는 말입니다.

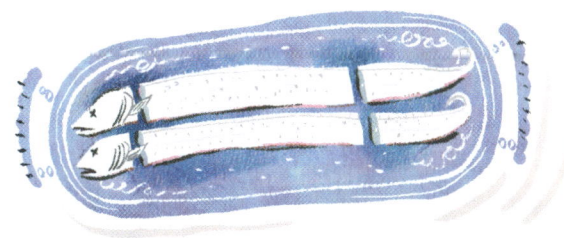

結者解之
맺을 결 · **사람 자** · **풀 해** · **갈 지**

맺은 사람이 풀어야 한다는 뜻으로,
일을 저지른 사람이 해결해야 한다는 것을 의미한다.

 結者解之

이럴 때 쓰는 거예요!

결자해지하고 나니 마음이 편해졌어요

　민희와 다투고 난 뒤 서로 말을 안 하고 지낸 지 일주일이 넘었어요. 반장인 민희가 회의 진행을 맡고 역할을 나누어 주는 것은 당연한 일이에요. 그런데 나는 내 역할이 못마땅하다며 민희에게 불평만 늘어놓고 도와주지 않았으니 내 잘못이죠. 하지만 미안하다고 말하는 게 쉽지 않았어요. 민희가 야속하기도 했으니까요. 그렇지만 오늘 사과를 하고 나니 속이 후련했어요. 민희도 웃으면서 이해해 주어 기분이 정말 좋아요.

이럴 땐 쓰지 않아요!

　운동회 때 이어달리기 시합에서 우리 반이 지고 말았어요. 계속 1등을 하고 있었는데 지수 차례에서 지수가 바통을 놓쳐 버렸고, 놓친 바통이 멀리 떨어져 그걸 줍느라고 결국 맨 마지막으로 들어온 거예요. 지수 스스로 결자해지하고 책임져야 한다고 생각해요.

　★ 이어달리기에서 진 것은 지수의 책임이 큰 것 같군요. 바통을 받을 때 좀 더 신중했더라면 좋았을 텐데 안타깝네요. 그렇지만 지수가 일부러 잘못한 게 아니라 빨리 달리고 싶은 마음에 성급했던 거잖아요. 이어달리기와 같은 단체 경기에서 한 사람에게 책임을 지게 하는 것은 옳지 못한 일이지요.

 결자해지

여우 대신 우물에 빠진 염소

여우가 길을 가다 발을 헛디뎌 우물에 빠지고 말았어요. 어떻게 하면 여길 빠져나갈까 고민하고 있는데 마침 지나가던 염소가 우물 안을 들여다보았어요. 여우는 우물 속의 물맛이 기가 막히게 시원하다며 염소에게 들어와서 같이 마시자고 했어요. 어리석고 멍청한 염소는 아무 생각 없이 여우가 시키는 대로 우물 속으로 풍덩 뛰어들었습니다.

염소가 시원하게 물을 들이키고 나자 여우는 우물 밖으로 나가야 하니 염소의 등에 올라타겠다고 했어요. 그리고 자기가 먼저 우물 밖으로 나가면, 줄을 내려 염소를 끌어올려 주겠다고 했지요. 염소는 흔쾌히 여우가 밖으로 나갈 수 있도록 등을 대어 주었어요. 염소의 도움으로 밖으로 나간 여우는 언제 그랬냐는 듯이 냉정하게 말했습니다.

"너는 너무 무거워서 내 힘으로 끌어올릴 수 없어. 어리석은 염소야, 앞으로 턱에 달린 수염이 부끄럽지 않게 먼저 신중히 생각해 보고 행동하도록 해!"

늘 주위 친구들에게 신중하게 생각하라는 충고를 들어 왔지만 또 생각 없이 행동한 염소는 우물 속에 갇히고 말았어요. 뒤늦게 후회해도 소용이 없었지요. 염소는 우물 속에서 밖으로 빠져나갈 연구를 하면서 결자해지의 의미를 생각했을 거예요.

지구 온난화는 인류가 결자해지해야 할 문제

지구의 기온이 높아지는 온난화는 온실 효과를 일으키는 온실 기체가 많아지는 것이 가장 큰 원인입니다. 온실 기체로는 수증기, 메탄, 프레온 가스 등이 있지만 이산화탄소가 가장 대표적이에요. 이산화탄소는 산업화와 함께 양이 계속 증가하고 있어요. 또한 사람들이 숲을 파괴해 나무가 줄어들고, 환경 오염으로 인해 산호초가 줄어들어 온난화 현상이 심해진다고 해요. 나무나 산호가 줄어들면서 공기 중에 있는 이산화탄소를 자연이 흡수하지 못해서 이산화탄소의 양이 계속 증가한다는 것이지요.

이런 온난화 현상의 결과는 아주 무시무시하답니다. 우선 대기 중의 수증기량이 많아지면서 눈이나 비가 많이 오게 돼요. 대규모의 홍수가 올 수도 있지요. 또한 극지방의 빙하가 녹으면서 바다의 수면이 높아진답니다. NASA(미국 항공 우주국)는 지구 온난화로 빙하가 녹아내려 지난 100년 동안 해수면이 20센티미터 이상 높아졌다고 발표한 적이 있습니다. 이렇게 수면이 높아지면 섬이나 바닷가에 사는 사람들에게 큰 불행이 닥칠 수 있어요. 영화에서처럼 바다가 마을을 다 집어삼키는 일이 일어날 수도 있겠지요.

이런 끔찍한 결과를 초래할 수 있는 지구 온난화는 인류 스스로 결자해지해야 할 문제입니다. 당장 자기 자신만 잘살면 된다는 생각으로 환경을 파괴해 왔기 때문이니까요. 지금이라도 대책을 마련해서 더 이상의 지구 온난화는 반드시 막아야 할 거예요.

고전에도 결자해지라는 말이 나오지요

　누구나 자신이 저지른 일은 무슨 일이 있어도 남에게 떠넘기지 않고 끝까지 책임지고 풀어야 해요. 자신이 일을 벌여 놓고 힘이 든다고 마무리하지 않는 사람이나 자신에게 유리하지 않을 것을 예상하고 그만둬 버리는 사람, 일을 하다가 잘못되면 남에게 책임을 떠넘기는 책임감 없는 사람에게 흔히 '결자해지하라.'는 충고를 많이 하지요.

　조선 인조 때의 학자 홍만종이 지은 문학평론집 《순오지》라는 귀한 책에도 '결자해지 기시자 당임기종(結者解之 其始者 當任其終)'이라는 말이 나와요. '맺은 자가 그것을 풀고, 일을 시작한 자가 마땅히 끝까지 책임을 져야 한다.'라는 뜻이지요.

　결자해지의 정신을 되새기면서 그 뜻을 실천에 옮기면 인생에서 성공한 사람이 될 수 있답니다.

고사성어 하나 더!

불교에서는 인과응보라는 말을 쓰지요

불교에서는 자신이 저지른 일을 자신이 해결하지 않으면 그 업보가 다음 생으로 그대로 이어진다고 해요. 이것을 '인과응보(因果應報)'라고 하지요. 전생에 행한 착하고 나쁜 행동에 따라 현재의 행복과 불행이 있고, 현세에서의 행동 결과에 따라 또 다음 생에서의 행복과 불행이 있다는 것이지요.

그렇기 때문에 사람은 착하고 반듯하게 살아야 한다는 것을 강조하고 있어요. 만약 어쩔 수 없이 잘못을 저질렀다면 반드시 결자해지해야 다시 태어나서 인과응보를 받는 일이 없겠지요.

輕擧妄動

가벼울 **경**　들 **거**　망령될 **망**　움직일 **동**

깊이 생각하지 않고 경솔하게 행동한다는 뜻이다.

# 경거망동

이럴 때 쓰는 거예요!

다시는 경거망동하지 않을 거야

　나는 체육 시간이 가장 재미있어요. 달리기든 철봉이든 운동이라면 자신이 있거든요. 어제는 체육 시간에 뜀틀을 했어요. 다섯 칸으로 올려놓고 넘기를 하는데 진형이가 망설이며 무서워하는 걸 보고 내가 큰 소리로 말했지요.

　"이쯤이야 우습잖아. 내가 해 볼까?"

　진형이는 얼굴이 빨개졌고 모두 나를 쳐다봤어요. 키가 작은 진형이는 다섯 칸은 도저히 자신이 없었나 봐요. 그런 진형이의 모습을 보고 내 얼굴이 더 빨개졌어요. 그럴 생각이 아니었는데 친구들 앞에서 진형이를 놀린 게 되어 버렸으니까요. 앞으로는 좀 더 신중하게 생각하고 행동해야겠다고 다짐했어요.

이럴 땐 쓰지 않아요!

　개그맨 이경규 아저씨가 텔레비전에 나오는 모습을 보면 너무 우스꽝스럽고 까불며 경거망동하는 것 같아요. 나이도 많은 아저씨가 그렇게 가볍게 행동하는 것은 잘못된 것 같아요.

　★ 이경규 아저씨가 최고의 개그맨으로 사랑받는 이유가 바로 그렇게 재미있는 모습 때문이랍니다. 개그맨이 시청자들에게 웃음을 주려고 말과 행동을 재밌게 하는 것을 경거망동이라고 할 수는 없겠지요.

 경거망동

임금이 된 원숭이

춤을 잘 추는 원숭이가 있었어요. 이 원숭이는 다른 원숭이들에게 자기는 사람을 워낙 잘 알기 때문에 사람들이 추는 춤까지 똑같이 출 수 있다고 떠벌렸어요. 그 말만 믿고 다른 원숭이들은 이 원숭이를 임금으로 뽑았답니다. 임금 원숭이는 힘든 일은 신하들이 다 해 주니까 만날 먹고 놀기만 했지요.

임금 원숭이는 점점 거만해지고 심지어 다른 동물들에게까지 임금 행세를 하려고 했어요. 꾀 많은 여우가 그걸 보고 가만 있을 리가 없었죠. 여우는 좋은 수를 생각해 냈어요. 임금 원숭이 근처에 덫을 놓은 거예요. 임금 원숭이는 덫에 놓은 고기를 먹으려다 덫에 걸리고 말았어요. 사람을 잘 안다고 하면서 사실은 덫이 무엇인지도 몰랐답니다. 임금이 되어서도 책임감 없이 자만하고 경거망동한 원숭이가 나중에 놀림감이 된 것은 당연한 일이겠지요.

모네의 그림은 장난 같아

인상파 화가들이 전시회를 열었어요. 미술계에 자신들의 그림을 처음으로 보이게 된 거지요. 그런데 전시회에 온 사람들은 입을 다물지 못했어요. 그림에 감동받아서가 아니라 너무 어처구니가 없기 때문이었어요.

"이 아마추어들은 물감을 찍어 바르기만 하면 그림이 되는 줄 아나 봐."

전시회에 온 신문 기자도 모네의 작품에 대해 이렇게 비난했어요.

"〈인상, 해돋이〉가 뭐야? 제목이 너무 웃겨."

그는 유명한 미술 잡지에 인상파 화가들의 전시회에 대해 악평을 늘어놓은 기사를 실었어요. 그림이 뭔지도 모르는 사람들이라는 식으로 말이에요. 사실 인상주의는 그동안의 미술 기법에서 과감히 벗어난 새로운 스타일이었어요. 빛에 따라 변하는 사물이나 풍경의 변화를 표현했거든요. 하지만 처음 보는 인상주의 그림들은 전시회에 온 사람들의 눈에 장난으로밖에 여겨지지 않았지요.

모네를 비롯한 인상주의 화가들이 왜 이런 방식을 고집하는지 귀 기울이지도 않고 가볍게 평가한 사람들은 나중에 크게 후회했을 거예요. 그 후 인상주의는 세계적으로 인정받는 대단한 화풍이 되었으니까요. 전문가라고 하는 사람이 그렇게 경거망동한 기사를 썼으니 글을 쓴 기자는 대단히 창피했겠지요.

피라미드를 외계인이 만들었다고?

피라미드는 수많은 수수께끼를 가지고 있는 유적이에요. 천문학, 지리학, 지질학, 수학, 기하학, 건축학, 토목 공학, 물리학, 심지어 점성학까지 수많은 학문을 잘 알아야 피라미드를 이해할 수 있다고 해요. 약 230만 개의 돌을 차곡차곡 쌓아올려 지은 피라미드는 높이가 140미터 이상인 하나의 산입니다. 피라미드 밑면의 네 개 변은 각각 동서남북을 정확히 가리키고 있고 옆의 삼각형 면은 오차가 거의 없을 정도로 완벽하지요.

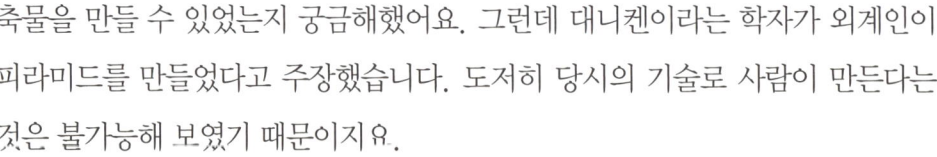

학자들은 그 시대에 어떻게 이렇게 정교하고 거대한 건축물을 만들 수 있었는지 궁금해했어요. 그런데 대니켄이라는 학자가 외계인이 피라미드를 만들었다고 주장했습니다. 도저히 당시의 기술로 사람이 만든다는 것은 불가능해 보였기 때문이지요.

그러나 그 주장은 경거망동이라는 것이 바로 증명되었습니다. 피라미드는 갑자기 만들어진 것이 아니라 몇백 년 전부터 여러 가지 실험적인 피라미드가 만들어지다가 기원전 2500년경 완벽한 피라미드가 만들어진 것이었답니다. 피라미드를 만들 때 쓴 천문학, 수학, 기하학 등의 학문도 그 당시 이집트에 자주 발생하던 나일 강의 범람에 대비해 조상 대대로 발전되어 온 지식을 토대로 한 것이었지요.

이집트 인들은 피라미드를 완성하기까지 수백 년 동안 학문적인 토대부터 쌓아 왔으니 외계인이 만들었다는 말은 경솔한 주장이었지요.

고사성어 하나 더!

경거망동의 반대말
심사숙고

깊이 생각하지 않고 경솔한 행동을 한다는 경거망동의 반대말은 심사숙고(深思熟考)예요. 즉 심사숙고는 깊이 있고 신중하게 잘 생각한다는 뜻이에요.

두 고사성어는 '경거망동하지 말고 심사숙고하라.'는 말처럼 함께 쓰일 수 있답니다. 어떤 자리나 상황에서 생각 없이 행동하여 망신을 당하거나 실수를 하지 않도록 신중하게 생각하라는 충고의 말이지요. 심사숙고와 같은 말로 심사숙려(深思熟慮)도 있답니다.

孤軍奮鬪

외로울 **고**   군사 **군**   떨칠 **분**   싸움 **투**

적은 수의 군대가 강한 적과 맞서 용감하게 싸운다는 뜻으로 힘들고 벅찬 일을 혼자 잘 해낸다는 것을 의미한다.

생활 속 고군분투

이럴 때 쓰는 거예요!

엄마 혼자 고군분투하는 명절

　언니와 나는 설날이 다가오면 신이 나요. 세뱃돈을 받으면 언니는 인기 가수의 콘서트 입장권을 사겠다고 벼르고 있어요. 난 새 스마트폰을 사려고 이미 마음에 드는 모델까지 골라 놓았답니다. 그런데 엄마는 설날이 다가오는 게 별로 좋지 않은 것 같아요. 이번 설에도 장 보랴 제사상 차리랴 손님상 차리랴 하루 종일 혼자 집안일을 해야 하니까요. 다른 식구들은 다 쉬는 명절날 엄마 혼자 전쟁을 치르는 것 같아서 너무너무 미안해요. 올해는 언니와 함께 엄마를 많이 도와드릴 거예요.

이럴 땐 쓰지 않아요!

　일주일에 3일은 영어 학원과 플루트 개인 레슨, 이틀은 수학 학원, 서예 학원, 게다가 한자 학습지, 영어 학습지……. 저는 정말 하루하루 고군분투하며 살고 있어요.

★ 학교 수업에다 학원 공부까지 정말 바쁜 일주일을 보내고 있군요. 그런데 이런 상황은 고군분투한다고 말하기엔 적절하지 않은 것 같아요. 보다 더 많은 것을 배우기 위해 여러 가지 공부를 하는 것을 적이나 여러 장애물과 싸워 나가는 고군분투에 비유하는 것은 꼭 들어맞는 표현은 아니랍니다.

이야기 속 고군분투

온몸으로 종을 울린 까치

어떤 선비가 산길을 가다가 커다란 구렁이 한 마리가 새끼 까치들을 잡아먹으려고 하는 것을 보았어요. 그 순간 선비는 활을 쏘아 구렁이를 죽이고 새끼 까치들의 목숨을 구했습니다.

계속 산길을 걸어가던 선비는 비어 있는 작은 절을 발견하고 절에 들어갔어요. 선비는 잠시 쉰다는 게 깜빡 잠이 들고 말았지요. 깨어 보니 커다란 구렁이가 온몸을 친친 감고 있었어요. 구렁이는 "왜 내 남편에게 화살을 쏘았어? 널 죽이고 말 테다."라고 했지요. 선비는 "가여운 새끼 까치들이 다 잡아먹힐 상황인데 어떻게 모른 척할 수 있겠느냐. 너도 자식을 낳아 보지 않았느냐?"라며 설득했지요. 선비의 말을 듣고 망설이던 구렁이는 "그렇다면 너에게 기회를 주겠다. 네 잘난 활 솜씨로 저기 매달려 있는 종을 울려 보아라."라고 말했어요.

하지만 선비는 도저히 해낼 수 없을

것 같았어요. 종은 아주 높은 곳에 매달려 있는 데다가 활로 울리기에는 너무 무거웠거든요. 낙심한 선비는 그냥 종을 향해 활을 쏘고 주저앉았어요.

그때 갑자기 종소리가 울렸어요. 새끼를 살려 준 은혜에 보답하기 위해 어미 까치가 온 힘을 다해 종을 향해 날아가 부딪친 소리였지요. 어미 까치는 종을 울리느라 고군분투하다가 피를 흘리며 바닥으로 떨어졌습니다. 결국 구렁이는 선비에게 복수하지 못한 것을 안타까워하며 선비를 놓아주었답니다.

다양한 분야에서 모두 성공한 벤저민 프랭클린

미국의 100달러짜리 지폐에 인쇄된 사람은 누구일까요? 바로 미국인들의 존경을 한 몸에 받는 벤저민 프랭클린이지요. 그는 신문사의 경영자, 프랑스와의 동맹을 체결해 낸 뛰어난 외교관, 훌륭한 저술가, 대통령 후보로 지목되기도 한 정치가였지요. 또 전기학을 연구하여 벼락을 막아 주는 장치인 피뢰침을 만들어 낸 과학자이기도 해요. 그런데 한 사람이 어떻게 그렇게 다양한 분야에서 활약을 펼칠 수 있었을까요?

프랭클린은 가난 때문에 정규 교육을 2년밖에 받지 못했어요. 하지만 작은 호기심 하나도 그냥 넘기지 않고 연구에 몰두했어요. 그의 성공 비결 중 하나는 매일매일 자신과의 약속을 지켰는지 확인하는 것이었대요. 수첩에 인생에서 중요한 덕목 13가지를 써 놓고, 하루 동안 그것을 잘 지켰는지 스스로 확인했지요. 13가지 덕목은 '절제, 침묵, 규율, 결단, 절약, 근면, 성실, 정의, 중용, 청결, 평정, 순결, 겸손'이었어요. 이 덕목들은 매 순간마다 자신을 다그치지 않으면 지켜 내기 어려운 것들이에요.

프랭클린은 여러 유혹이나 세상과의 타협, 게으름과 고군분투하며 덕목을 실천에 옮겼기에 훌륭한 업적을 이루어 낼 수 있었답니다.

분단을 막기 위해 고군분투한 김구

일본에 강제로 나라의 주권을 빼앗긴 일제 강점기에 우리나라의 독립을 위해 누구보다도 노력한 사람은 김구였어요. 김구는 일본의 감시와 탄압을 피해 중국에 세운 대한민국 임시 정부를 맡기도 했어요. 김구는 임시 정부를 이끌며 수많은 애국지사들과 함께 활발하게 항일 무장 투쟁을 벌였답니다. 김구와 함께 활동하던 윤봉길 의사가 상하이의 훙커우 공원에서 일본군에 폭탄을 던진 사건도 유명하지요.

이러한 항일 운동의 결과로 우리나라는 1945년 손꼽아 기다리던 광복의 기쁨을 맛볼 수 있었답니다. 하지만 곧 우리나라에는 미국 군대와 소련 군대가 들어와 공산주의와 민주주의로 나뉘고 38도선이 생겼어요.

김구는 우리나라가 둘로 나뉘는 것을 막기 위해 남쪽과 북쪽의 지도자들을 만나 민족의 통일을 위해 고군분투했어요. 그리고 '삼천만 동포에 울며 고함'이라는 성명에서 '나는 통일된 조국을 건설하려다가 38도선을 베고 쓰러질지언정 단독 정부를 세우는 일에 협력하지 아니하겠다.'라고 하며 통일에 대한 강한 의지를 표현하기도 했어요.

하지만 위험도 마다하지 않고 고군분투한 김구의 노력에도 불구하고 남쪽과 북쪽에는 각각 다른 정부가 세워졌고 우리나라는 둘로 나뉘게 되었답니다. 김구는 이후에도 민족 통일을 이루지 못한 것을 가슴 아파했다고 합니다.

> 고사성어 하나 더!

고군분투와 비슷한 말
악전고투

　고군분투라는 말보다 더 힘든 싸움이나 상황을 묘사할 때는 악전고투(惡戰苦鬪)라는 말을 쓰기도 한답니다. 개인적으로 너무나 힘든 상황에서 어떤 목표를 이루고자 최선을 다하는 경우에 이런 표현을 쓸 수 있지요. 모두 불가능하다고 여겼던 상황을 악전고투하여 이겨 낸 사람들은 다른 사람들로부터 존경을 받기도 해요.

　고군분투나 악전고투나 비슷하게 쓰이지만, 상대가 더 강하게 느껴지거나 상황이 더 불리한 경우, 목표를 이루기 위해 더 안간힘을 써야 할 때 악전고투를 쓰는 경우가 많습니다.

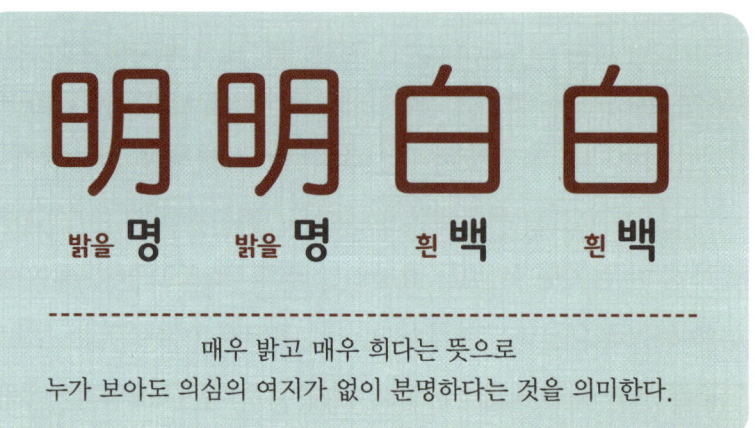

매우 밝고 매우 희다는 뜻으로
누가 보아도 의심의 여지가 없이 분명하다는 것을 의미한다.

명명백백

이럴 때 쓰는 거예요!

진호가 잘못한 건 명명백백한 사실

　엄마는 왜 항상 나보고 먼저 사과하라고 하는지 모르겠어요. 진호와 내가 자주 싸우긴 하지만 오늘은 정말 진호가 잘못했단 말이에요. 진호와 나는 인라인스케이트 시합을 하려고 준비하고 있었어요. 내가 먼저 출발선에 서서 인라인스케이트를 고쳐 신고 있는데, 뒤에 있던 진호가 나를 밀치며 출발한 거예요.

　물론 예전에 내가 진호에게 먼저 화를 낸 적이 많은 건 사실이지만, 그것도 진호가 만날 때마다 나를 놀렸기 때문이에요. 엄마는 먼저 사과하는 사람이 남자다운 거라고 하시는데, 잘못은 진호가 하고서 내가 먼저 사과해야 하는 게 너무 속상해요.

이럴 땐 쓰지 않아요!

　가수와 탤런트 중에 가수가 더 인기를 많이 얻고 돈도 더 많이 버는 것은 명명백백한 사실인 것 같아요. 콘서트를 보면 셀 수 없이 많은 팬들이 막 소리를 지르며 좋아하니까요.

★ 콘서트 장의 많은 팬들을 보면 그렇게 생각할 수도 있어요. 하지만 탤런트들이 거리에 나타나면 많은 사람들이 몰리기도 하잖아요. 확실한 근거가 없고, 개인에 따라 판단이 다를 수도 있는 문제에 대해 자신의 주장이 명명백백하다고 할 수는 없답니다.

 명명백백

가장 소중한 것을 버린 달팽이

유난히 걸음이 느린 달팽이는 언제나 꼼지락꼼지락하며 조금씩 움직일 뿐 빨리 달리는 건 꿈도 꾸지 못하지요. 꼬마 달팽이는 자신이 느린 것은 자신의 등 위에 매달린 커다란 집 때문이라는 생각이 들었어요. 그래서 지나가던 무당벌레에게 물어보았어요.

"내가 이 커다란 집 때문에 빨리 움직일 수 없는 걸까요?"

무당벌레가 당연하다는 듯이 대답했어요.

"그걸 말이라고 하니? 그렇게 무거운 걸 항상 지고 다니니 느릴 수밖에 없지. 그건 누가 봐도 명명백백한 사실이야."

달팽이는 집을 버리기로 결심했어요. 달팽이는 집을 버리고 친구들에게 빨라진 자신의 모습을 자랑하러 다녔어요.

그러다 어느새 밤이 되었어요. 풀잎엔 이슬이 내려 추워지고 무서운 새들이 공격해 올 것 같아 달팽이는 겁이 났지요. 자신의 몸을 보호해 주던 집이 너무나 그리웠어요. 오직 빨라지고 싶어 집의 고마움을 알지 못한 자신이 정말 바보같이 느껴졌답니다.

독도는 명백히 우리나라 땅

 일본은 독도를 자기네 땅이라고 우기고 있지요. 하지만 우리에겐 정확한 역사적 증거가 있기 때문에 당당하게 우리 땅이라고 말할 수 있답니다.
 고려 시대 김부식이 쓴《삼국사기》에는 독도에 대한 기록이 남아 있어요. 삼국 시대 이전에는 울릉도가 독립적으로 '우산국(于山國)'이라는 작은 나라를 이루고 살았는데 우산국의 영토에는 독도까지 포함되어 있었어요. 여러 문헌의 기록을 살펴보면 우산국 사람들은 가까운 신라 사람과 말이 통하고 왕래도 있었다고 해요.
 우산국은 신라의 장군인 이사부에게 정복당해 신라에 속하게 되었답니다. 따라서 이미 오래전부터 독도가 우리나라 땅이라는 것은 명명백백한 사실이지요.

▶《삼국사기》: 고려 시대에 김부식(1075~1151)이 왕의 명령을 받아 펴낸 역사책이에요. 신라, 고구려, 백제의 역사를 엮은 것으로《삼국유사》와 함께 현재 남아 있는 역사책 중에서 가장 오래된 것이지요. 모두 50권으로 이루어져 있고, 삼국의 역사에 대해 연구하는 데 중요한 자료랍니다.

명명백백하다는 생각도 착각

 갈릴레오 갈릴레이는 종교 재판장에서 풀려나면서 혼잣말로 "그래도 지구는 돈다."라고 했어요. 지구가 태양 주위를 돈다는 지동설은 명명백백한 사실이지만 당시 많은 사람들이 헛소리라며 동의하지 않았지요.
 당시에는 대부분의 사람들이 우주의 중심에 지구가 있고, 만약 지구가 돈다면

  지구 위에 살고 있는 사람들이 튕겨져 나갈 거라고 생각했어요. 하지만 이러한 생각은 사실과는 전혀 달랐어요. 태양을 중심으로 지구가 돌고 있지요.

  때로는 많은 사람들이 명백한 사실이라고 믿는 것이 터무니없는 착각인 경우도 있어요. 내 주장만 옳다고 내세우거나 근거가 있다고 해서 무조건 명백한 사실이라고 믿어 버리는 것은 옳지 않은 일이에요. 항상 다른 입장에서 생각해 보고, 다시 한번 생각해 보려고 애쓰는 자세가 보다 더 창조적인 결과를 만들어 내기도 한답니다.

▶ 갈릴레오 갈릴레이(1564~1642)와 지동설: 지동설이란 태양이 우주의 중심이고 지구가 태양 주위를 돈다는 학설이에요. 갈릴레이는 1609년 망원경을 만들어 밤하늘을 관찰하고는 지동설을 주장했어요. 갈릴레이 이전에도 지동설을 주장하는 과학자들은 있었지만 당시에는 지구가 우주의 중심이라고 여겼기 때문에 이들의 주장은 받아들여지지 않았어요.

명약관화도 명명백백과 같은 뜻으로 쓰여요

명약관화(明若觀火)는 밝기가 불을 보듯 분명하다는 뜻으로, 의심할 여지없이 명확하다는 뜻입니다. "명명백백한 일을 가지고 자꾸 다른 핑계를 대다니!", "이것은 누가 봐도 명약관화한 사실이야." 등의 문장으로 쓰이지요.

밝고 희다는 뜻의 '명명백백', 밝기가 불을 보듯 훤하다는 의미의 '명약관화', 둘 중에 어느 것이 더 명확하고 확실하다는 뜻을 가지고 있을까요? 그것은 쓰는 사람의 선택에 달려 있겠지요.

친구

"나쁜 친구를 사귀지 말라고 하는데 어떤 친구가 나쁜 친구인지
잘 모르겠어요. 다 같이 친하게 지내야 하는 거잖아요."
"여자들보다 남자들끼리의 우정이 훨씬 깊다는 말이 정말인가요?"
"친구들에게 인기 있는 정은이가 부러워요."
"새로 전학을 와서 아직 친구가 없어요.
곧 친한 친구가 많이 생겼으면 좋겠어요."

친구와 오랫동안 우정을 나누는 것만큼 멋진 일은 없어요.
그러나 해마다 반이 바뀌고 전학을 가기도 해서
새로운 친구들을 많이 만나게 되지요.
그래서인지 옛날처럼 오랫동안 함께하는 친구가
점점 적어지는 것 같아요.
그렇지만 친구끼리의 도리나 우정은 변하지 않아요.
먼저 마음을 열고 깊은 우정을 보여 준다면 외롭지 않을 거예요.
친구와의 우정을 아름답게 지켜 나가는 방법이
고사성어에 잘 나와 있답니다.

친구 사이를 나타내는 고사성어

관포지교 (管鮑之交)

죽마고우 (竹馬故友)

지란지교 (芝蘭之交)

붕우유신 (朋友有信)

管鮑之交

대롱 **관**   절인어물 **포**   갈 **지**   사귈 **교**

관중과 포숙아라는 두 친구의 우정이 돈독한 것에서 유래한 말로, 아주 친한 친구 사이의 관계를 의미한다.

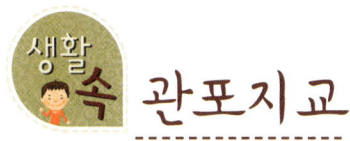
관포지교

이럴 때 쓰는 거예요!

선생님의 대학 시절, 관포지교

　오늘 우리들의 성화에 못 이겨 선생님은 대학 시절 이야기를 들려줬어요. 일찍 부모님이 돌아가셔서 힘들게 대학을 다녔던 선생님에겐 잊지 못할 친구가 있대요.

　선생님은 대학 시절 하숙비를 내지 못해서 방을 같이 쓰던 친구와 쫓겨나게 된 일이 있었대요. 형편이 어렵기는 친구도 마찬가지였지요. 무더운 어느 여름날, 짐을 싸서 거리로 나와야 했지만 친구는 불평하기는커녕 한겨울에 쫓겨난 것보다는 훨씬 낫다며 웃었대요. 그리고 겨우 초라한 방을 하나 구해 선생님과 함께 살았지요. 좁은 방에서도 선생님의 이부자리부터 먼저 챙겨 주던 친구의 배려를 선생님은 평생 잊지 않고 있대요.

이럴 땐 쓰지 않아요!

　내 짝꿍은 정말 나빠요. 내가 급식 시간에 나온 시금칫국의 시금치를 건져 내고 국물만 먹었더니 골고루 다 먹어야 한다고 잔소리를 하는 거예요. 채소를 싫어하는 내 식성도 몰라주는 짝꿍은 관포지교도 모르나 봐요.

★ 친구의 진심 어린 충고를 받아들이지 못하는 것이 오히려 관포지교를 모르는 거죠. 친구를 생각해서 충고해 주는 마음을 이해하지 못하면 안 되겠지요.

이야기 속 관포지교

생쥐와 개구리의 우정

생쥐와 개구리는 친한 친구 사이였어요. 생김새도 다르고 사는 곳도 달랐지만 둘은 말이 잘 통해서 자주 만났답니다.

어느 날 개구리가 생쥐에게 연못 건너편에 가서 놀자고 말했습니다. 그러고는 생쥐의 대답도 듣지 않고 물속으로 풍덩 뛰어들었어요. 수영을 못하는 생쥐는 물속에서 자유롭게 헤엄치는 개구리가 부러웠어요. 개구리는 연못가에서 주저하는 생쥐의 모습을 보니 수영을 잘하는 자신이 자랑스러웠지요. 개구리는 우쭐대며 생쥐에게 말했어요.

"너도 얼른 물속으로 들어와 봐. 연못 건너편에는 정말 신기한 게 많아. 나를 봐! 나처럼 이렇게 멋지게 수영을 해 보라고."

개구리는 큰 소리로 떠들면서 더 요란하게 다리를 휘저으며 수영을 했어요. 그런데 마침 연못가를 날아가던 솔개의 눈에 띄고 말 앗어요. 솔개에게 잡혀가는 개구리를 보며 발만 동동 구르는 생쥐에게 다른 친구들이 다가와서 말했어요.

"저렇게 잘난 척만 하는 친구는 친구도 아니야. 잘난 체하다 솔개한테 잡혀간 건 당연한 일이지. 그냥 잊어버려."

그러나 생쥐는 끝까지 개구리의 편을

들며 이렇게 말했어요.

"개구리는 수영을 정말 잘해. 나 같은 겁쟁이를 설득해 수영을 가르쳐 주고 싶어서 더 우쭐대었던 것뿐이야."

친구를 끝까지 믿어 준 포숙아

중국 제나라 때 관중과 포숙아라는 두 친구가 있었어요. 두 사람은 함께 사업을 벌였는데 포숙아는 돈을 대고 관중은 경영을 담당했지요. 그런데 관중이 혼자 이익금을 가로챈 것을 포숙아가 알게 되었어요. 다른 사람들은 관중을 탓했지만 포숙아는 관중의 집안이 가난하기 때문이라며 이해하고 넘어갔지요.

어느 날 두 사람은 전쟁에 나가게 되었어요. 전쟁터에서 견디기 힘들었던 관중은 세 번이나 도망을 쳤답니다. 모두들 관중을 비겁자라 손가락질했지만 포숙아는 관중에게는 늙으신 어머님이 계시기 때문에 도망칠 수밖에 없다고 감싸 주었답니다. 포숙아가 끝까지 관중을 믿어 주어 그들의 우정은 변치 않았습니다. 나중에 포숙아 덕분으로 높은 벼슬자리에 오른 관중은 이렇게 말했어요.

"나를 낳은 것은 부모이지만, 나를 아는 것은 포숙아뿐이다."

그 후 사람들은 변치 않는 우정을 관포지교라고 부르게 되었지요.

포숙아의 지혜로운 친구, 관중

관중은 친구의 믿음을 한 몸에 받을 만큼 뛰어난 인물이었습니다. 중국 춘추시대 제나라의 재상을 지낸 최고의 정치인으로, 제갈공명이 가장 존경했던 인

물이자 포숙아와의 특별한 우정으로도 잘 알려진 인물이지요.

관중은 아주 지혜로운 사람이었는데 늙은 말의 지혜를 빌린 일이 널리 알려져 있습니다.

관중이 있던 군대는 어느 날 전쟁터로 나갔어요. 그런데 적군의 속임수에 빠져 모래와 자갈만 가득한 험한 땅에서 길을 잃게 되었답니다. 독사와 맹수들이 어디에서 튀어나올지 모르는 곳이었기 때문에 빨리 빠져나가지 않으면 모두가 죽게 될 상황이었어요. 그러나 어디로 가야 할지, 어느 쪽이 맞는 방향인지 도무지 알 수 없었지요. 그때 관중은 말들 가운데 가장 늙은 말 몇 마리를 골라 풀어놓으라고 했습니다. 모두들 고개를 갸웃거렸지만 늙은 말들은 왔던 길을 찾아내어 군대는 무사히 빠져나올 수 있었어요. 경험의 중요성을 알았던 관중이 늙은 말의 경험으로 군대를 살려 낸 것이지요.

고사성어 하나 더!

관포지교와 비슷한 말은 많아요

관포지교처럼 친구 간의 두터운 우정을 나타내는 말은 아주 많아요.

문경지교(刎頸之交): 목을 쳐도 후회하지 않을 정도의 사이라는 뜻으로, 삶과 죽음을 같이할 수 있을 정도로 아주 가까운 사이나 그런 친구를 가리키는 말이에요.

단금지교(斷金之交): 쇠라도 자를 만큼 강한 정이라는 뜻으로, 매우 두터운 우정을 나타내는 말이에요.

수어지교(水魚之交): 물이 없으면 살 수 없는 물고기와 물의 관계라는 뜻으로, 아주 친하여 서로 떨어질 수 없는 사이를 비유적으로 이르는 말이에요.

竹馬故友
대죽 　 말마 　 연고고 　 벗우

대나무로 만든 말을 함께 타던 친구라는 뜻으로
어릴 때부터 같이 놀며 자란 소꿉친구를 의미한다.

생활 속 죽마고우

이럴 때 쓰는 거예요!

미국으로 유학을 가는 민수

 어제 민수를 우리 집에 초대해서 저녁을 같이 먹었어요. 민수는 같은 동네에서 같이 자란 나의 가장 친한 친구랍니다. 같은 반이 되었다고 정말 기뻐했는데 미국으로 떠난다니 눈물이 나요. 미국에 가면 영어로 수업을 들어야 할 텐데 잘 할지 걱정이에요. 하지만 민수는 똑똑하니까 미국 아이들과도 금방 친해질 거라고 믿어요. 엄마도 안타까워하며 "너희는 죽마고우니까 계속 이메일을 주고받고 자주 연락해서, 어른이 되어서도 친구로 남아야 한다. 나이 들어 사귀는 친구보다 어릴 때부터 알던 친구가 진짜 친구란다."라고 했어요.

이럴 땐 쓰지 않아요!

 옆집에 사는 예림이네 가족들과 함께 다 같이 놀이동산에 갔어요. 신나는 놀이 기구도 많이 탔지요. 나는 예림이랑 회전목마도 같이 탔답니다. 말을 같이 탄 사이니까 우린 죽마고우가 된 거예요.

 ★ 회전목마를 같이 탔다고 죽마고우라고요? 재미있는 표현이군요. 옛날엔 요즘처럼 다양한 장난감들이 없어서 대나무를 베어 이것저것 만들어 놀았어요. 대나무에 발판을 붙여 탈 수 있게 만든 죽마를 타고 놀기도 했지요. 그렇다고 꼭 같이 죽마를 타야 죽마고우가 되는 건 아니에요. 어릴 적부터 같이 놀며 자란 사이를 죽마고우라고 한답니다.

 죽마고우

과거에 급제한 두 친구 이야기

옛날에 두 친구가 있었어요. 그 시절엔 다들 가난하게 살아 먹을 것이 없었어요. 두 친구는 산으로 들로 다니며 나물을 뜯어 먹고 가난을 함께 이겨 내며 자란 죽마고우였습니다.

두 친구 중에 한 명은 열심히 공부하여 과거에 합격해 고향에 사또로 부임했어요. 고향에서 별다른 직업 없이 시간을 보내며 살아가던 다른 친구가 사또가 된 친구를 찾아갔어요. 성공한 친구 덕에 배불리 한 상 잘 얻어먹을 수 있겠구나 생각했지만, 그것은 큰 착각이었습니다. 사또가 된 친구는 매정하게 욕을 퍼부으며 옛 친구를 쫓아냈어요.

"아직도 이렇게 빈둥거리며 살다니 넌 친구도 아니다. 너 같은 놈에겐 쌀 한 톨도 아깝다. 다시 얼씬거리면 곤장을 치겠다."

죽마고우인 친구가 출세했다고 자신을 업신여기자 크게 화가 난 친구는 그날부터 방에 틀어박혀 이를 악물고 공부를 했어요. 나중에 과거에 장원 급제한 그 친구는 깨달았답니다. 사또가 된 친구가 만약 밥 한 상 잘 차려 주었다면, 자신은 아직도 빈둥거리며 살고 있을 거라고요.

두 친구는 다시 만나 어린 시절 죽마고우로 지냈던 추억을 떠올리며 서로의 성공을 축하해 주었답니다.

화가 이중섭의 복숭아 선물

한 남자가 병원에 입원을 했어요. 그는 친구가 병문안 오기를 손꼽아 기다리고 있었어요. 그가 기다리는 사람은 가장 친한 친구인 화가 이중섭이었지요. 그러나 누구보다도 가장 먼저 달려올 줄 알았던 이중섭은 며칠이 지나도 병문안을 오지 않았어요. 어릴 때부터 이중섭을 잘 아는 그는 이중섭이 왜 병문안을 오지 않는지 알고 있었답니다. 당장에 끼니를 이을 형편도 되지 않는데 입원한 친구를 위해 뭔가 사들고 오고 싶어 병문안을 오지 못하는 것이었지요.

입원한 지 한참이나 지나서야 이중섭은 미안해하는 표정으로 조용히 병실 문을 열고 들어섰어요. 왜 이제야 왔냐는 책망에 이중섭은 빈손으로 올 수가 없었다며 부끄러운듯이 그림 한 점을 내밀었어요. 그림은 먹음직스러운 천도복숭아였어요.

"복숭아를 먹으면 무병장수한다고 하지 않는가. 눈으로라도 먹고 빨리 나아야 해."

복숭아를 사올 돈이 없어 그림을 그려 온 우정에 그는 눈물을 흘리고야 말았답니다.

진정한 죽마고우, 오성과 한음

흔히들 죽마고우라고 하면 오성과 한음을 떠올립니다. 조선 시대의 뛰어난 학자인 오성 이항복과 한음 이덕형은 어릴 적 서당에서 만나 평생 우정을 나누었답니다. 오성은 한음이 자기보다 다섯 살이나 적었지만, 그의 총명함을 한눈에 알아보고 나이 따위는 중요하지 않다며 친구로 지내자고 했어요.

남달리 총명했던 두 소년은 어울려 자라면서 수많은 일화를 남겼습니다. 보살피던 아기 참새가 죽자 함께 축문을 지어 읊고 장례식을 치러 준 이야기는 아주 유명하지요.

오성이 스물다섯 살이 되고, 한음이 스무 살이 되던 해 두 사람은 나란히 과거에 급제했지요. 두 사람이 높은 직책에 있을 때 임진왜란이 일어났습니다. 오성과 한음은 나라를 위해 몸 바치기로 결심하고 왜군을 막기 위해 명나라에 도움을 청해야 한다고 생각을 모았어요. 그리고 한음이 명나라로 가서 군사를 데려오기로 했어요.

드디어 한음이 명나라로 떠나는 날, 그를 배웅 나온 오성은 한음에게 간곡하게 당부했어요.

"조선을 도와줄 명나라 군사와 함께 오지 않으면 그대는 나를 시체로 만나게 될 것이오."

그러자 한음은 이렇게 답했답니다.

"명나라 군사를 이끌고 오지 못하게 된다면 나는 명나라에 뼈를 묻을 것이니 그곳에서 나를 찾으시오."

두 사람의 깊은 우정과 나라를 걱정하는 마음을 알 수 있는 이야기입니다.

고사성어 하나 더!

죽마고우라는 말은 이렇게 생겨났어요

중국 진나라에 은호라는 사람이 있었어요. 은호는 성품이 온화하고 학문도 뛰어났지만 벼슬이 싫어서 조상의 무덤을 지키며 살았답니다. 하지만 계속되는 황제의 간청을 뿌리치지 못해 벼슬에 올랐지요. 당시 진나라는 이웃 촉나라와 대립하고 있었는데, 촉나라의 장수인 환온은 은호의 어린 시절 친구였답니다.

전쟁이 시작되자 은호가 이끈 진나라 군대가 환온이 이끄는 촉나라 군대에 크게 지고 말았어요. 귀양을 가게 된 은호를 보고 환온은 "은호는 어려서 나와 죽마를 타고 놀던 친구다. 내가 죽마를 버리면 언제나 은호가 가지고 갔다. 그러니 그가 내 밑에 있는 것은 당연하다."라고 말했어요. 환온의 이 말에서 '죽마고우(竹馬故友)'라는 말이 생겨났어요. 지금은 어린 시절의 소꿉친구를 뜻하는 말이지만 둘의 우정은 비극으로 끝나고 말았답니다.

芝蘭之交

지초 **지**　난초 **란**　갈 **지**　사귈 **교**

지초와 난초의 교제라는 뜻으로
친구 사이의 맑고 향기로운 사귐을 의미한다.

 지란지교

이럴 때 쓰는 거예요!

지란지교를 생각하게 하는 경훈이

 해가 질 때까지 동네에서 축구를 하거나 친구들과 몰려다니던 진형이가 4학년이 되어 많이 달라졌어요. 바로 새 친구 경훈이를 사귀고부터였어요. 경훈이는 책을 많이 읽어서 독서 카드 기록이 반에서 최고이지요. 또 미술관을 찾아다닐 정도로 그림에도 관심이 많답니다. 경훈이 방에 가득한 그림에 관한 책을 함께 보며 어느새 진형이도 경훈이의 취미를 따라 하게 되었지요. 요즘 경훈이는 새로운 세상을 만난 것 같다고 해요. 둘이 함께 책을 읽고 토론도 하고 음악가나 화가에 대한 이야기도 나누게 되었지요. 둘이 함께 있을 때는 마치 아름다운 향기가 나는 것 같아요.

이럴 땐 쓰지 않아요!

 엄마, 난 짝꿍이 싫어요. 공부도 못하고 옷도 얼마나 촌스럽게 입는다고요. 선생님한테 짝꿍 바꿔 달라고 하고 싶어요. 지란지교라는 말도 있잖아요. 그런 친구를 사귀는 건 별로 좋지 않은 것 같아요.

 ★ 공부를 못하거나 차림새가 근사하지 못하다고 사귀지 않겠다는 건 정말 나쁜 태도예요. 짝꿍이 어떤 생각과 꿈을 가진 친구인지 이야기해 봤나요? 겉모습만 보고 판단하지 말고 먼저 친해지려고 노력한다면 지란지교를 나누는 친한 사이가 될 수도 있어요.

 지란지교

조광조와 양팽손의 지란지교

　조광조는 조선 시대의 학자로 옳지 못한 짓을 하는 관리들을 몰아내고 잘못된 제도를 고치기 위해 애를 썼어요. 그리고 훌륭한 인재들이 벼슬길에 나갈 수 있도록 과거 제도를 고치기도 하고, 청렴하고 올바른 관리가 되기 위해 노력했지요. 그런 조광조에게는 양팽손이라는 친한 친구가 있었어요. 양팽손 역시 학자였지요.

　양팽손은 관직을 버리고 고향에 내려와 조용히 살고 있었는데 그곳으로 조광조가 귀양을 오게 되었어요.

　조광조와 양팽손은 하루가 멀다 하고 만나서 서로의 생각에 대해 의견을 주고받았답니다. 조광조는 "양팽손과 더불어 이야기를 하니 마치 지초나 난초의 향기가 사람에게서 풍기는 것 같다."라고 하였어요. 또한 양팽손을 두고 "비 개인 뒤의 가을 하늘과 같고, 구름이 막 걷힌 직후의 밝은 달과 같아 욕심이 모두 없어졌다."라고도 하였지요.

　조광조가 반대 세력에 의해 결국 죽임을 당하자 양팽손은 눈물을 머금고 곁에서 그의 죽음을 지켜보았어요. 그리고 조광조의 시신을 거두어 직접 묻어 주고, 조광조를 기리기 위해 사당을 세우기도 했어요. 당시에는 사약을 받은 죄인의 시신에 손을 대었다가는 큰 벌을 받을 수도 있었지만 양팽손은 전혀 개의치 않았습니다. 조광조와 양팽손은 누구보다도 깊은 지란지교를 나눈 진정한 친구였답니다.

지란지교를 나누는 서울 쥐와 시골 쥐

　서울 쥐가 시골 쥐의 집에 놀러 왔습니다. 서울 쥐는 가난하고 보잘것없는 시골쥐의 집 한쪽에 놓인 캔버스에 밀레의 〈만종〉처럼 평화로운 시골 풍경이 그대로 담겨 있는 것을 보고 깜짝 놀랐어요. 서울 쥐는 시골 쥐와 함께 썩은 고구마나 감자 따위로 끼니를 해결해야 했어요. 하지만 그림을 그리는 시골 쥐의 곁에 앉아 평화로운 일상을 즐겼답니다.

　시골 쥐가 서울 쥐의 집을 보고 놀라긴 마찬가지였습니다. 시끄러운 자동차 경적 소리, 사람들이 싸우는 소리에 잠시도 조용한 시간이 없었지요. 그러나 서울 쥐는 항상 책을 읽으며 책 속에서 마음의 안정을 찾는 것 같았어요. 사람들이 버린 책을 가져다 깨끗이 닦아서 읽고 있는 서울 쥐를 보며, 시골 쥐도 함께 독서의 행복을 느꼈답니다.

백남준의 예술가 친구들

　비디오 아트의 선구자, 전위 음악가, 행위 예술가라는 수식어가 붙는 천재적인 아티스트 백남준은 오랫동안 사람들의 인정을 받지 못하고 무명의 시간을 보냈어요. 그러나 곧 자신을 이해해 주는 친구들을 만나게 되지요.

독일의 한 대학에서 존 케이지를 만난 백남준은 그에게 반해 〈존 케이지에게 보내는 헌정〉이라는 제목의 작품을 전시하지요. 이것을 감동적으로 지켜본 요셉 보이스라는 미술가는 그 후 '플럭서스'라는 이름의 전위 미술 운동 모임에서 백남준과 함께 활동하며 친하게 지냈어요.

1984년 인공위성을 통해 뉴욕, 파리, 베를린, 서울에 동시에 생중계된 〈굿모닝 미스터 오웰〉은 백남준을 단번에 세계 최고의 비디오 아티스트 자리에 올려놓았습니다. 작품성도 대단했지만, '비디오 아트'라는 새로운 장르를 한국인이 만들어 냈다는 것만으로도 대단한 일이었지요. "브라운관이 캔버스를 대신할 것이다."라는 그의 선언은 세계인의 정신을 번쩍 들게 할 만큼 선구적인 것이었습니다.

훗날 백남준은 이렇게 말했어요.

"내 인생에서 가장 인상 깊었던 일은 예술가 친구들과의 만남이다. 〈굿모닝 미스터 오웰〉은 바로 그 산물이다."

자신이 무명 시절부터 큰 영향을 받았던 존 케이지와 요셉 보이스에게 보내는 찬사의 말이었지요. 그 후로 백남준은 요셉 보이스를 회상하는 퍼포먼스를 열기도 하는 등 예술가 친구들에 대한 소중한 마음을 잊지 않았어요. 백남준이 세계 최고의 아티스트가 된 배경에는 예술가 친구들과의 지란지교가 있었던 것입니다.

▶ 비디오 아트: 비디오, 즉 텔레비전을 매체로 하는 예술 장르로 1970년대 독일에서 시작되었어요. 하지만 비디오 아트를 예술로 당당히 인정받게 한 사람은 한국의 비디오 아티스트 백남준(1932~2006)이에요. 그는 한국뿐만 아니라 세계에서도 선구적이고 혁신적인 예술가로 손꼽히고 있답니다.

고사성어 하나 더!

지초와 난초가
함께 있는 향기로운 사이

　지란지교는 공자가 한 이야기예요. "선한 사람과 함께하면 지초와 난초가 있는 방으로 들어가는 것과 같아서 오래되면 향기를 맡지 못한다. 그 향기에 취하기 때문이다. 선하지 못한 사람과 함께 있으면 생선 가게에 들어간 것과 같아서 오래되면 악취를 맡지 못하게 된다. 군자는 반드시 함께 있는 자를 삼가야 한다."라고 말한 것에서 유래했지요.

　선한 친구와 함께하면 자신도 모르게 그 친구를 닮게 되고, 악하고 나쁜 친구와 함께하면 그 모습을 닮아 가게 된답니다. 친구를 사귈 때는 지초와 난초처럼 향기롭고 맑은 친구 사이가 되도록 서로 노력해야 해요.

朋友有信

벗 **붕**   벗 **우**   있을 **유**   믿을 **신**

친구 사이에는 믿음이 있어야 한다는 말이다.

이럴 때 쓰는 거예요!

붕우유신을 생각한 하루

영민이는 나와 유치원 때부터 단짝이었고, 태권도도 피아노도 같이 배우러 다녔어요. 우리는 로봇 경연 대회에 팀으로 나가기 위해 같이 준비 중이에요. 평생 함께하겠다는 의지를 담아 팀 이름도 '영원한 YT'라고 지었어요. 공부도 항상 같이하기로 약속했답니다.

그런데 영민이는 이번에 내가 들어간 스터디 그룹에 들어올 수 없게 되었어요. 영어 회화 스터디는 외국인 선생님을 모셔 와야 해서 수업료가 비싸 영민이네 사정으로는 무리거든요. 그래서 엄마한테 나는 스터디 그룹에서 빠지겠다고 했어요. 영민이만 빼놓고 혼자 스터디 그룹에 들어가는 건 친구에 대한 도리가 아니라고 생각해요.

이럴 땐 쓰지 않아요!

미영이 때문에 어제 너무 화가 났어요. 글쎄 내 원피스와 똑같은 것을 입고 온 거예요. 미영이는 내 옷과 같은 줄 알았지만 이모가 보내 준 선물이라 그냥 입었다고 변명을 늘어놓았어요. 미영이는 붕우유신도 모르는 애 같아요.

★ 옷 한 벌 때문에 붕우유신을 저버렸다고 하는 것은 지나친 생각이에요. 미영이 입장을 이해하고 요일을 정해 같은 날 입지 않기로 약속하면 어떨까요? 아니면 친한 친구끼리 커플 옷으로 입으면 재미있지 않을까요?

이야기 속 붕우유신

지성이와 감천이 이야기

옛날에 앞을 못 보는 지성이와 걷지 못하는 감천이가 만나 친구가 되었어요. 지성이는 항상 감천이를 업고 다녔습니다. 지성이가 감천이의 다리가 되고 감천이가 지성이의 눈이 된 것이지요.

하루는 절에서 새로 불상을 만들어 제사를 지낸다는 소리를 듣고 음식을 얻어먹기 위해 길을 나섰어요. 감천이가 목이 마르다고 하자 지성이가 시냇물 앞에 내려 주었어요. 물을 먹으려던 감천이는 커다란 금덩이를 보았어요. 감천이는 지성이에게 금덩이를 꺼내 오게 했지요. 지성이는 금덩이가 목이 마르다고 했던 감천이의 것이라고 했고, 감천이는 금덩이를 꺼내 온 지성이의 것이라고 했지요. 다투던 두 친구는 금덩이를 다시 물속에 던져 버렸어요. 붕우유신을 금덩이보다 더 소중하게 여긴 두 친구는 빈손으로 절을 향했어요.

그런데 절에서는 새로 만드는 불상에 금장식을 하는데 금이 모자라 스님이 발을 동동 구르고 있었어요. 지성이와 감천이는 다시 시냇물로 가서 금덩이를 건져 와 스님에게 주었고, 스님이 새 불상 앞에서 열심히 불공을 드려 지성이는 눈을 뜨고 감천이는 걸을 수 있게 되었습니다.

목숨을 걸 수도 있는 친구끼리의 믿음

옛날 그리스에 피시아스라는 젊은이가 교수형을 당하게 되었습니다. 그는 부모님에게 마지막 인사를 드리게 해 달라고 왕에게 간청했어요. 물론 왕은 허락하지 않았지요. 그때 신하 중에 피시아스의 친구 다몬이 나섰습니다. 친구가 집에 갔다 오는 동안 자기가 대신 감옥에 갇혀 있고, 만약 친구가 돌아오지 않는다면 대신 교수형을 받겠다고 했어요.

그러나 교수형을 집행하는 날까지 피시아스는 돌아오지 않았고 결국 다몬은 교수대에 서게 되었어요. 모두들 다몬을 안타까워했고 피시아스가 믿음을 저버렸다고 욕했습니다. 그러자 다몬은 큰 소리로 "나의 친구 피시아스를 욕하지 마시오. 분명 돌아오지 못하는 사정이 있을 것이오."라고 말했어요.

드디어 교수형이 집행되려는 순간, 멀리서 누군가 소리치며 달려오는 소리가 들렸어요. 바로 피시아스였어요.

"제가 왔습니다. 다몬을 풀어 주십시오. 사형수는 바로 나입니다."

다몬과 피시아스는 서로 마주 보며 담담히 말했어요.

"다몬, 저세상에서도 자네를 잊지 않겠네."
"피시아스. 우리 다음 세상에서도 꼭 친구로 만나세."
주위 사람들은 모두 감동의 눈물을 흘렸고 이를 지켜보던 왕이 외쳤어요.
"교수형을 중지하라. 피시아스의 죄를 용서하노라!"
사람들은 모두 박수를 쳤고, 왕은 이렇게 말했습니다.
"내가 가진 모든 것을 주더라도 저런 친구가 있었으면 좋겠구나."

매일 붕우유신을 다하였는지 물었던 증자

공자에게는 여러 제자가 있었지만, 가장 효심이 극진하고 몸가짐이 바른 사람이 증자입니다. 공자의 가르침은 증자로부터 다시 맹자에게 이어졌어요. 신의를 중요하게 여긴 증자에 관해서는 여러 일화가 있습니다.

하루는 증자의 아내가 시장에 가는데 어린 아들이 따라가겠다며 울고 매달렸습니다. 아들을 떼어 놓기 위해 얼른 시장에 다녀와서 돼지를 잡아 고기 반찬을 해 주겠다고 약속을 해 버렸지요. 시장에 다녀온 증자의 아내는 깜짝 놀랐어요. 남편이 진짜 돼지를 잡으려 준비하고 있었거든요. 아들을 달래기 위해 그냥 해 본 말이었다고 남편을 말렸지만 증자는 "오늘처럼 자식에게 거짓을 말하는 것은 자식이 밖에 나가 남에게 거짓을 말하라고 가르치는 것이나 다름이 없소. 그러니 약속한 대로 돼지를 잡아야 하오."라며 돼지를 잡아 아들에게 고기를 먹였다고 합니다. 증자의 아들도 후에 역시 훌륭한 학자가 되었지요.

신의와 약속을 목숨보다 소중히 한 증자는 날마다 스스로에게 '벗과 사귀는 데 믿음이 있었는가?'라고 물으며 반성했다고 합니다.

붕우유신은 오륜의 하나예요

오륜(五倫)은 유교에서 이야기하는 사람이 살아가면서 서로 간에 지켜야 하는 다섯 가지의 기본적인 덕목을 말해요.
오륜에서 말하는 다섯 가지 덕목에는 무엇이 있는지 살펴보아요.

부자유친(父子有親): 부모와 자식 사이에는 친함이 있어야 한다.
군신유의(君臣有義): 임금과 신하 사이에는 의리가 있어야 한다.
부부유별(夫婦有別): 남편과 아내 사이에는 분별이 있어야 한다.
장유유서(長幼有序): 어른과 아이 사이에는 차례가 있어야 한다.
붕우유신(朋友有信): 친구 사이에는 믿음이 있어야 한다.

경쟁과 리더십

"기말고사를 앞두고 있어서 그런지 요즘 친구들끼리 사이가 안 좋아진 것 같아요."
"엄마는 친구끼리 사이좋게 지내는 것이 제일 중요하다고 하면서, 옆집 문권이가 공부 잘하는 건 왜 그렇게 부러워하는 걸까요?"
"공부도 잘하는 데다가 친구들한테 인기도 많은 은아는 뭔가 특별한 데가 있는 것 같아요."

친구 사이의 우정을 강조하는 말은 많아요.
하지만 학교나 학원에서 늘 친구들과 경쟁하는 일이 생기지요.
때로는 친한 친구나 혹은 형제끼리 비교를 당하는 경우도 있을 거예요.
하지만 작은 경쟁에 연연하기보다 더 큰 꿈을 갖고
리더십을 기르는 사람이 훌륭한 인물이 될 수 있답니다.
경쟁해야 하는 상황에 놓인 사람들의 이야기,
지도자적인 기질이 어떤 것인가에 관한 이야기를
고사성어를 통해 알아본다면 궁금증이 풀릴 거예요.

경쟁과 리더십을 나타내는 고사성어

난형난제 (難兄難弟)

막상막하 (莫上莫下)

타산지석 (他山之石)

과유불급 (過猶不及)

難兄難弟

어려울 **난**　맏 **형**　어려울 **난**　아우 **제**

누구를 형이라 하고 누구를 동생이라 하기 어렵다는 뜻으로 누가 더 낫다고 할 수 없을 정도로 비슷하다는 의미이다.

 난형난제

이럴 때 쓰는 거예요!

은철이와 민교는 난형난제

　오늘 체육 시간에 키 순서를 정했어요. 키가 작은 은철이와 민교는 서로 아옹다옹하고 있었어요. 반에서 제일 키가 작은 아이가 되는 것이 싫어 서로 자기가 더 크다고 우기는 거예요.

　3학년 때 은철이는 키 순서가 첫 번째여서 '난쟁이'라고 놀림받은 적이 있었어요. 그래서 더 아득바득 앞에 안 서려고 떼를 썼지요.

　여자 중에서 제일 큰 희수는 자기보다 머리 하나만큼 작은 두 친구를 보고 놀려 댔어요. "야, 너희들한테 딱 어울리는 말이 바로 난형난제야. 키를 말하는 게 아니라 고집 부리는 게 둘이 똑같아."라고요.

이럴 땐 쓰지 않아요!

　나에겐 쌍둥이 언니가 있어요. 겨우 3분 먼저 태어났는데 엄마는 언니라고 불러야 한대요. 하지만 싸울 땐 이름을 막 불러요. 3분 차이로 언니라고 불러야 하는 건 정말 억울해요. 우린 난형난제잖아요.

　★ 언니라고 부르면서도 항상 손해 보는 생각이 드나 봐요. 그 마음은 이해가 가지만 이런 경우 난형난제라는 말은 어울리지 않아요. 난형난제는 둘 다 비슷하여 한쪽이 더 낫다고 할 수 없을 때 쓰는 표현이지 진짜 형제를 나타내는 말은 아니랍니다.

 난형난제

난형난제인 두 게으름뱅이

옛날에 게으름뱅이라고 소문난 오 서방과 박 서방이 있었습니다. 동네 사람들은 둘 중에 누가 더 게으름뱅이일까 궁금해했지요.

하루는 오 서방이 산 너머 친척 집에 가야 할 일이 생겼습니다. 오 서방의 아내는 먼 길을 가야 하는 남편을 위해 떡을 싸 주었어요. 터벅터벅 산길을 걸어가던 오 서방은 얼마 걷지도 않고 나무 밑에 주저앉아 드러누웠어요. 그런데 배가 너무 고파 꼬르륵 소리가 났어요. 보따리 속에는 아직도 따끈따끈한 식지 않은 떡이 있었지만 일어나 보따리를 푸는 게 귀찮아서 참고 있었답니다.

그때 멀리서 박 서방이 걸어오는 것이 보였어요. "여보게, 박 서방. 내 보따리에 떡이 있으니 자네가 풀어서 내 입에 떡을 좀 넣어 주게. 자네에게도 떡을 나누어 주겠네."

그러자 박 서방은 "보따리를 풀려고 고개를 숙이면 내 갓이 떨어질 걸세. 갓끈이 풀어져 있거든. 갓끈을 매기가 귀찮으니 배는 고프지만 그냥 가겠네." 하면서 지나쳐 가 버렸습니다.

그 일은 곧 온 동네에 소문이 났어요. 동네 사람들은 난형난제라며 누가 더 게으름뱅이인지 정하는 것을 포기했다고 합니다.

훌륭하지만 너무나 다른 두 신하, 성삼문과 신숙주

조선 초기 최고의 학자를 꼽는다면 당연히 성삼문과 신숙주예요. 누가 더 훌륭한지는 난형난제입니다. 나란히 과거에 합격한 인연을 가진 두 사람은 당대 최고의 학자이자 라이벌로 손꼽히지만 서로의 삶은 정반대로 흘러갔어요. 성삼문은 세조에 의해 죽임을 당했지만 신숙주는 세조의 총애를 한 몸에 받아 무엇이든 할 수 있는 권한을 누렸거든요.

성삼문은 단종을 쫓아내고 왕의 자리를 빼앗은 세조에게 반대해 죽임을 당한 여섯 명의 신하들, 즉 사육신의 대표적인 인물입니다.

이에 반해 신숙주는 세조에게 충성을 다했습니다. 그럼에도 오늘날 신숙주가 충신이자 학자로 불리는 것은 조선의 학문과 문화 발전에 큰 업적을 남겼기 때문이지요.

성삼문은 유교 사상을 따라 한 임금을 모시지 못할 바엔 목숨을 버리겠다고 했지만, 신숙주는 목숨을 보존하여 백성을 보살피고 임금에게 충성하는 것이 신하의 도리라고 여겼어요. 그래서 성삼문과 신숙주 중에 누가 더 훌륭한지를 따지는 것은 난형난제이지요.

형제의 우열을 가리지 못하다

　중국의 후한 말에 진식이라는 사람이 있었어요. 그는 학문이 깊고 덕망이 높아 훌륭한 관리로 존경을 받았어요. 진식에게는 기와 심이라는 두 아들이 있었는데 모두 총명했어요. 세 사람은 '3명의 군자'로 불리기도 했지요.

　어느 날 기의 아들인 군과 심의 아들인 충이 서로 자기 아버지가 더 훌륭하다고 우기며 말다툼을 하게 되었어요. 서로 질세라 자기 아버지의 공적과 덕행을 칭찬했지요. 하지만 결론이 나지 않자 할아버지인 진식에게 달려가 누가 더 훌륭하냐고 물었어요. 그러자 진식은 이렇게 말했어요.

　"맏아들이 형 노릇을 하기 어렵고, 둘째가 동생 노릇을 하기도 어려울 게다. 서로 우열을 가릴 수 없으니 말이다."

　진식의 이 말에서 난형난제라는 말이 나오게 되었어요. 진식은 두 아들이 모두 훌륭한 성품을 지녀 정말로 우열을 가리기 힘들었답니다. 이때부터 난형난제는 우열을 가리기 힘들 정도로 비슷하다는 것을 표현하는 말이 되었어요.

고사성어 하나 더!

난형난제와 비슷하게 쓰이는 백중지세

난형난제와 비슷한 말로 백중지세(伯仲之勢)를 꼽을 수 있어요. 중국 위나라의 황제 조비가 쓴 《전론》이라는 책을 보면 '글을 쓰는 사람들은 옛날부터 서로를 깔보았다. 부의와 반고는 백중지간(伯仲之間), 즉 우열을 가릴 수 없다.'라고 나와 있어요. 여기서 나온 백중지간이 오늘날 백중지세로 쓰이고 있지요.

원래 백(伯)과 중(仲)은 형제의 순서를 구별하여 부르던 말이었어요. 백이 첫째이고 둘째가 중, 그다음이 숙(叔), 계(季)의 순서이지요. 형제는 얼굴이나 품성이 비슷하여 누가 더 나은지 가릴 수 없다는 뜻에서 백중지세라는 말이 나왔답니다.

莫上莫下
없을 막   위 상   없을 막   아래 하

어느 것이 위고 어느 것이 아래인지 분간할 수 없다는 말로 더 낫고 더 못함의 차이가 거의 없다는 뜻이다.

 ## 막상막하

이럴 때 쓰는 거예요!

얼큰한 떡볶이, 매콤달콤한 떡볶이의 맛이 막상막하

　오늘 유진이네 집에 놀러 갔어요. 유진이 엄마가 떡볶이를 만들어 줬는데 정말 맛있었어요. 유진이네 떡볶이는 특이하게도 양배추와 파프리카를 썰어 넣어 국물이 약간 있고 맛이 얼큰했어요. 유진이 엄마는 이것이 바로 퓨전 스타일이라고 했지요. 국물 없이 매콤하면서 달콤하게 만드는 우리 엄마 떡볶이와는 다른 맛이었어요. 그러나 유진이 엄마의 떡볶이도, 우리 엄마의 떡볶이도 맛은 막상막하예요. 유진이와 나는 떡볶이를 잘 만드는 엄마의 딸이라 행복하다고 하면서 웃었답니다.

이럴 땐 쓰지 않아요!

　요즘 우리 엄마는 정말 고생하는 것 같아요. 우리 집에 놀러 온 고모도 엄마한테 미안해하며 어쩔 줄 몰라했지요. 바로 할머니 때문이에요. 할머니가 얼마 전부터 좀 이상하시거든요. 금방 식사를 하고도 밥을 달라고 하고, 물건을 던지고, 아무 때나 놀아 달라고 하고……. 마구 떼쓰고 조르면 다 되는 줄 아는 내 동생 유나와 막상막하예요.

★ 저런, 할머니가 연세가 많아서 치매에 걸리셨나 보군요. 병에 걸리신 할머니를 나이 어린 동생의 철없는 행동과 비교하면 안 되겠지요.

 막상막하

두 사람의 잔꾀는 막상막하

어느 날 시골 사람이 꿀 항아리를 서울에 팔러 갔는데, 시장이 어디에 서는지 몰라 서울 사람에게 길을 물었어요. 그런데 서울 사람이 꿀 항아리를 보더니 깜짝 놀라면서 말했어요.

"이보시오, 서울에서는 벌을 신처럼 모시는데 당신이 벌의 꿀을 훔친 걸 알면 곤장을 맞을 것이오."

깜짝 놀란 시골 사람은 얼른 꿀 항아리를 버리고 도망쳤지요. 그러다 우연히 장터를 지나게 되었는데 비싼 값으로 꿀을 파는 꿀 장수들을 여러 명 보았어요. 그제야 자신이 속았다는 것을 안 시골 사람은 서울 사람을 다시 찾아갔어요.

"아까는 저를 구해 주셔서 대단히 고맙습니다. 그런데 사실은 제가 벌의 꿀을 훔친 게 아니라 저희 집에는 꿀이 펑펑 솟아나는 작은 꿀 샘이 있답니다. 이 사실을 누가 알기 전에 얼른 그 꿀 샘을 막아 버리든지 집을 팔아 버리든지 해야겠지요?"

이렇게 말하고는 은근슬쩍 서울 사람에게 자기 집의 위치를 가르쳐 주고 집으로 돌아왔답니다. 집으로 돌아온 시골 사람은 뒷마당에 작은 구덩이를 파서 꿀을 가득 채웠어요.

다음 날 서울 사람은 돈을 마련해 왔으니 집을 자기에게 팔라고 했습니다. 시골 사람은 낡은 집을 비싸게 팔아 더 좋은 집을 샀어요. 나중에 속았다는 것을 안 서울 사람은 관아에 시골 사람을 고발했어요. 자기가 속여서 얻은 것은 꿀 항아리 하나뿐이지만, 시골 사람은 자기에게 더 큰 사기를 쳤으니 시골 사람이 벌을 받고 자기 돈을 돌려주는 게 마땅하다고 했지요. 어질기로 소문난 원님은 못된 속임수를 쓴 것은 막상막하라며 두 사람에게 똑같은 벌을 내렸답니다.

화가 났을 때는 검을 쓰지 않는 검술사

영국에 최고의 검술사로 이름난 오말이라는 사람이 있었습니다. 당시엔 영국 곳곳에 뛰어난 검술사가 많았는데 유독 오말이 최고의 검술사로 인정받게 된 것은 다음 사건 때문이었습니다.

어느 날 오말은 가장 강력한 라이벌과 실력을 겨루게 되었어요. 막상막하의 검술 실력을 자랑하던 두 검술사가 팽팽하게 맞서고 있었는데 오말의 상대가 말에서 떨어지고 말았어요. 구경하던 사람들은 오말이 이겼다고 생각했지요. 그 순간 쓰러진 상대 검술사가 오말에게 침을 뱉었습니다. 오말은 갑자기 칼을 내려놓고 "오늘은 여기까지만 합시다."라고 말했어요.

모두들 의아해하자 오말은 이렇게 말했어요.

"나는 수십 년 동안 검술을 통해서 실력을 연마해 오며 하나의 원칙을 지켜 왔습니다. 그것은 화가 났을 때는 절대로 검을 쓰지 않는다는 것입니다. 그런데 방금 상대가 내게 침을 뱉는 순간 화가 치밀어 올랐습니다. 내가 만일 화가 난 채 상대와 겨룬다면 승리하고도 기쁘지 않겠지요."

그날 오말은 우승자가 되지 못했지만, 모든 사람들로부터 최고의 검술사로 인정받기에는 충분했습니다.

서로를 인정한 마티스와 피카소

20세기 들어 전 세계가 인정하는 가장 뛰어난 화가 두 사람을 꼽는다면, 마티스와 피카소를 들 수 있습니다. 마티스는 야수파의 대표적인 화가로 색채를 보여지는 그대로가 아니라 자신의 감정에 따라 표현했어요. 피카소는 입체파를 대표하는 20세기 최고의 거장이지요. 눈앞에 보이는 대상을 보는 그대로 그리는 것이 아니라 자신만의 상징으로 표현했어요.

마티스와 피카소는 둘 다 자존심이 강하고 독특한 성격이어서 비평가들의 의견을 철저히 무시하기로 유명했답니다. 하지만 서로가 서로에 대해 평가한 것은 진지하게 받아들였어요. 화풍은 달랐지만, 그림에 대한 열정과 실력은 막상막하라는 것을 서로 인정했던 셈이지요.

고사성어 하나 더!

막상막하와 비슷한 말
호각지세

　막상막하에서 막(莫)은 없다는 뜻을 가진 한자예요. 그래서 막상막하를 풀이해 보면 위도 아래도 없다는 말로 비슷한 표현들이 많아요. 그중에 호각지세(互角之勢)라는 표현이 있어요. 호각은 소의 뿔을 가리키는 말로 양쪽 뿔이 길이나 굵기가 차이가 없다는 뜻이지요.

　이외에 비슷한 말로 우열난분(優劣難分)이라는 표현도 있어요. 말 그대로 뛰어나고 못함을 나누기가 어렵다는 뜻이지요. 이미 배운 난형난제(難兄難弟)와 백중지세(伯仲之勢)도 비슷한 상황에서 쓰이는 표현이랍니다.

他山之石
다를 타　메 산　갈 지　돌 석

다른 산에 있는 거친 돌이라도 자기의 옥을 가는 데 쓸 수 있다는 뜻으로
다른 사람의 틀린 행동도 자기의 덕행을 쌓는 데 도움이 된다는 뜻이다.

 타산지석

이럴 때 쓰는 거예요!

김밥 가게 아주머니의 타산지석

우리 동네의 조그만 김밥 가게는 손님이 꽤 많답니다. 김밥이 맛있고 무엇보다 청결해서 자주 사다 먹지요. 그런데 오늘 김밥 가게에 가니 메뉴판에 '김밥 전문'이라고 크게 쓰여 있고, 가게 한쪽에 김밥을 마는 발과 삼각 김밥 틀이 진열되어 있었어요. 벽에는 김밥 재료만 따로 판다는 글이 붙어 있었고요. 엄마는 아주머니에게 어떻게 가게를 이렇게 바꿀 생각을 했는지 물었어요. 그러자 아주머니는 다른 동네의 김밥 가게가 메뉴를 늘였다가 오히려 김밥 맛이 떨어지고 손님이 줄어들었단 이야기를 듣고 더욱 전문적인 김밥 가게로 승부해야겠다고 결심하고 가게를 바꾼 거래요.

이럴 땐 쓰지 않아요!

재철이가 비싼 게임기를 샀다고 자랑했어요. 게임기를 얻은 비결을 물어보니 밥도 잘 안 먹고, 우울한 표정으로 지내면서 은근슬쩍 부모님께 말을 하면 된다는 거예요. 재철이를 타산지석으로 삼아 저도 어제저녁부터 말도 안 하고 밥도 안 먹고 있어요.

★ 다른 사람의 잘못된 행동을 그대로 따라 하는 것은 타산지석이라고 하지 않아요. 게임기를 얻기 위해 나쁜 행동을 하는 것은 아주 잘못된 일이에요.

 타산지석

도토리를 보고 교훈을 얻은 농부

　옛날에 수박 농사를 짓던 농부가 있었어요. 욕심이 많은 농부는 수박 농사가 잘 되지 않아 의욕을 잃고 있었지요. 가을이 되어 나무하러 산에 올라간 농부가 나무 아래 여기저기 수없이 흩어진 도토리를 보고 생각했어요.
　'내 수박이 저렇게 열리면 얼마나 좋을까.'
　그때 머리 위로 도토리 하나가 툭 떨어졌어요. 농부는 '만약에 커다란 수박이 머리 위로 떨어진다면 어떻게 될까?' 하고 상상해 보았어요. 농부는 발밑에 떨어진 도토리를 보며 자신의 욕심이 얼마나 지나쳤는지 깨달았지요.
　집으로 돌아온 농부는 수박 농사를 더욱 열심히 지었고 수박이 더 크고 많이 열리는 방법을 찾기 위해 연구를 했어요. 도토리 한 알이 농부에게 큰 가르침을 주었답니다.

빌 게이츠가 말하는 타산지석

　빌 게이츠가 마이크로소프트사를 만들었으며 세계 최고의 부자라는 사실은 모르는 사람이 없어요. 그는 친구와 마이크로소프트사를 만들기 위해 하버드 대학을 중퇴했습니다. 그리고 하버드 대학을 떠난 지 32년 만인 2007년에 명예 졸업장을 받게 되었습니다. 게다가 영광스런 졸업식에서 축하 연설을 하게 되었지요.

그는 축하 연설에서 세계의 심각한 불평등에 대해 이야기했습니다. 그리고 가난과 질병, 죽음의 공포에 시달리는 사람들을 도울 방법을 찾자고 강조했지요. 그러기 위해서는 문제를 인식하고 해결책을 찾아야 하며, 그 과정에서 자신의 성공과 실패를 다른 사람들과 함께 나누어 타산지석이 되도록 해야 한다고 말했어요. 그렇게 한다면 서로 더 성공적인 해결책을 찾을 수 있고, 같은 실패를 반복하지 않을 수 있겠지요.

또한 컴퓨터와 인터넷의 발전은 극심한 빈곤과 질병으로 인한 사망을 줄일 수 있는 기회를 주고 있다고 말했습니다. 정보 통신의 발달이 편리함만을 의미하는 것이 아니라 생명을 지키고 모두가 행복할 수 있게 한다는 뜻이지요. 세계 최고의 부자인 빌 게이츠의 관심은 온통 가난과 질병으로 인해 불행한 사람을 돕는 데에 있었어요. 그의 연설은 많은 이들에게 감동을 주었답니다.

세 사람 중에 반드시 스승이 있다

공자는 "세 사람이 길을 가면 그중에 반드시 나의 스승이 될 사람이 있다."라는 말을 했습니다. 바로 '삼인행필유아사언(三人行必有我師焉)'이라는 말로 우리 주변에 보고 배울 만한 사람이 그만큼 많다는 이야기이지요. 남의 훌륭한 점은 본받고, 남의 허물도 때론 나에게 반성의 기회가 되니 모두가 스승이 될 수 있다는 뜻입니다. 따라서 나와 상관없다고 무시하거나 소홀히 하지 않고, 세상 모든 이치를 소중히 하는 마음가짐이 필요하답니다.

하찮은 돌멩이의 쓰임, 타산지석

원래 타산지석이라는 말에서 돌은 소인, 즉 평범한 사람에 비유하고 옥은 군자에 비유하여 쓰인 말입니다. 군자도 소인의 그릇된 언행을 보고 깨달아 더 높은 수양과 학덕을 쌓아 갈 수 있다는 말이지요.

중국의 《시경》이라는 책에 나와 있는 시의 한 구절입니다.

낙피지원 원유수단 기하유곡(樂彼之園 爰有樹檀 其下維穀)
타산지석 가이공옥(他山之石 可以攻玉)
즐거운 저 동산에는 박달나무가 심어져 있고 그 밑에는 닥나무 있네.
다른 산의 돌이라도 이로 옥을 갈 수 있네.

초야에 묻혀 있는 사람들을 데려다가 왕의 덕을 닦는 데 쓰라는 '학명'이라는 제목의 시입니다. 옥돌을 아름답게 갈기 위해서는 같은 옥돌로 갈아서는 안 됩니다. 보통 돌을 써서 갈아야 하지요. 아무 데도 쓰임새가 없는 것 같은 남의 산의 못난 돌이라도 옥돌을 가는 데 쓸 수 있답니다. 따라서 옥돌처럼 특별한 사람도 돌처럼 평범한 사람에게 배울 것이 있다는 뜻입니다.

고사성어 하나 더!

타산지석과 비슷하지만 직접적인 표현 반면교사

반면교사(反面敎師)는 타산지석과 비슷한 의미로 쓰이기는 하지만, 훨씬 직접적이고 강한 표현이에요.

타산지석이 어떤 작은 일이나 일반적인 모습을 참고하여 교훈으로 삼을 때 쓰는 말이라면 반면교사는 보다 분명한 잘못을 보고 자기를 반성하며 교훈을 얻으라는 말입니다.

예를 들어 어떤 사람이 노부모를 내버려 죽게 했다는 신문 기사를 보고 나는 과연 효도하고 있는가 반성하게 되는 경우이지요. 반면교사는 중국의 마오쩌둥이 처음 쓴 말이라고 전해집니다.

過猶不及
지날 **과**　오히려 **유**　아닐 **불**　미칠 **급**

지나친 것은 모자란 것보다 못하다는 뜻으로
어느 한쪽에 치우치지 않는 것이 중요하다는 것을 의미한다.

 과유불급

이럴 때 쓰는 거예요!

이모의 과유불급

우리 이모는 조금 통통한 편이에요. 이모는 항상 밝은 얼굴에 상냥하고 착해서 인기가 많을 것 같은데 사실은 그렇지 않은가 봐요. 이모는 외모에 대해 콤플렉스가 있다고 말해요. 엄마처럼 예쁘게 낳지 않았다고 외할머니에게 투덜대기도 하지요.

그런데 이모가 다이어트를 시작하고 나서는 몰라보게 변했어요. 한 달 만에 10킬로그램이나 무리하게 살을 빼더니 이제는 성형 수술까지 하겠다고 난리예요. 그러던 이모가 얼마 전 일주일 동안 앓아누웠어요. 갑자기 무리하게 다이어트를 하는 바람에 쓰러져 버린 거예요. 지금도 충분히 날씬하고 예쁜데 이모는 더 날씬해졌으면 좋겠나 봐요.

이럴 땐 쓰지 않아요!

내 성적은 반에서 중간 정도는 된답니다. 공부를 너무 잘하는 친구는 왠지 부담 되잖아요. 과유불급이라고 이 정도만 유지하는 게 좋을 것 같아요.

★ 더 노력해서 좋은 성적을 낼 생각은 하지 않고 적당히 유지할 생각만 하다니, 참 안타까운 일이군요. 어느 한쪽의 생각에 치우쳐 객관적인 기준을 갖지 못한 사람에게 과유불급이라고 하는 거예요. 공부를 열심히 하는 건 지나친 게 아니랍니다.

 과유불급

아들을 너무 사랑한 아빠 개구리

호수 주변에 개구리 가족이 살고 있었어요. 아빠 개구리는 아들 개구리를 매우 귀하게 여겼어요. 하루는 아들 개구리가 지나가던 황소를 보게 되었지요.

"아빠, 나 오늘 너무너무 큰 동물을 보았어요. 얼마나 부러웠다고요. 개구리는 아무리 커 봤자 그렇게 될 수가 없잖아요."

아들 개구리의 이야기를 듣던 아빠 개구리가 말했어요.

"네가 더 커서 어른 개구리가 되면 배를 아주 빵빵하게 부풀릴 수가 있어. 그럼 아주 커다랗게 될 수 있단다."

"그래도 별로 크지 않잖아요."

계속해서 떼를 쓰는 아들 개구리 앞에서 시범을 보여 주기로 마음먹은 아빠 개구리는 숨을 들이켜고 배를 크게 부풀렸어요.

"아직 멀었어요. 아까 본 동물은 그것보다 훨씬 컸어요."

아들이 계속 보채자 아빠 개구리는 점점 더 배를 크게 부풀렸지요. 그러다 아빠 개구리의 배는 뻥 하고 터져 버렸답니다.

불쌍한 아빠 개구리는 의식을 잃고 쓰러지며 자신의 자식 사랑이 너무 지나쳤던 것을 후회했습니다.

넘치지 않게 만들어진 잔, 계영배

'넘침을 경계하는 잔'이라는 뜻의 계영배(戒盈杯)는 술을 많이 따르지 못하도록 만든 잔입니다. 잔의 70퍼센트 이상을 채우면 모두 밑으로 흘러내려 빈 잔이 되고 말지요.

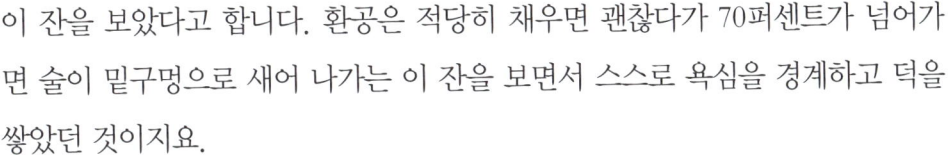

이 잔은 원래 고대 중국에서 하늘에 정성을 드리며 만들었던 잔이라고 합니다. 공자가 제나라 환공의 사당을 찾아갔을 때 환공이 죽기 전까지 늘 곁에 두었던 이 잔을 보았다고 합니다. 환공은 적당히 채우면 괜찮다가 70퍼센트가 넘어가면 술이 밑구멍으로 새어 나가는 이 잔을 보면서 스스로 욕심을 경계하고 덕을 쌓았던 것이지요.

우리나라에서는 도공인 우명옥이 계영배를 만들었다고 합니다. 우명옥은 뛰어난 도공으로 왕실에서 쓰는 그릇까지 만들게 되었어요. 그러나 그를 시기하는 동료들의 꾐에 빠져 방탕한 생활을 하다가 재산을 모두 탕진하게 되지요. 우명옥은 모든 것을 잃고 난 뒤에야 크게 잘못을 뉘우치고 스승에게 돌아와 다시 도자기 만드는 일에 일생을 바쳤습니다. 그가 지난날을 반성하면서 만든 잔이 바로 계영배였지요.

세월이 흘러 조선 시대의 큰 장사꾼인 임상옥이 계영배를 갖게 되었지요. 임상옥은 장사를 하면서 과한 욕심을 스스로 경계했기에 큰 사업가가 될 수 있었다고 합니다. 바로 계영배의 의미를 스스로 실천했던 것이지요. 지나친 욕심을 경계해야 진정한 리더가 될 수 있답니다.

중용의 원칙

공자는 '중용(中庸)'을 몹시 강조했어요. 하지만 중용을 지킨다는 것은 결코 쉽지 않답니다. 중용이란 지나치거나 모자라지도 않고 한쪽으로 치우치지도 않은 떳떳하고 변함이 없는 상태를 말해요. 중용에 대해 공자의 손자인 자사가 정리한 다섯 가지 원칙이 있습니다.

첫째, '박학(博學)'입니다. 어느 한 분야에 매달리기 전에 일단 넓고 다양하게 많은 것을 알아야 한다는 것입니다. 그래야 한쪽으로 치우치지 않겠지요.

둘째, '심문(審問)'입니다. 깊이 있는 질문을 하라는 뜻이지요. 스스로 공부를 깊이 해야 깊이 있는 질문을 할 수가 있겠지요. 질문이 깊이 있어야 훌륭한 대답도 얻을 수 있을 것입니다.

셋째, '신사(愼思)'입니다. 신중하게 생각하라는 뜻이지요. 여러 번 깊이 생각해야 한쪽으로 치우치는 실수를 저지르지 않겠지요.

넷째, '명변(明辯)'입니다. 명확하게 판단하라는 뜻입니다. 아무리 많이 공부하고 깊이 생각해도 판단을 잘못하면 허사가 될 것입니다. 현명한 판단을 내릴 수 있도록 노력해야 합니다.

다섯째, '독행(篤行)'입니다. 독실하게 실천하라는 뜻입니다. 대충 편하게 하려 하지 말고 몸과 마음을 다해 철저하게 실천에 옮겨야 합니다.

이것을 보면 중용을 지키는 일이 얼마나 힘든 일인지 알 수 있답니다.

고사성어 하나 더!

과유불급이란 말은
이렇게 생겨났어요

공자의 제자 중에 자장과 자하가 있었습니다. 둘은 성격이 전혀 달랐지요. 어느 날 누군가 공자에게 물었습니다.

"자장과 자하 중에 누가 더 어집니까?"

공자는 "자장은 지나치고 자하는 미치지 못한다."라고 대답했습니다. "그렇다면 자장이 낫단 말씀입니까?" 하고 되묻는 사람에게 공자는 "지나친 것은 미치지 못한 것이나 마찬가지다."라고 말했습니다.

여기서 나온 말이 과유불급(過猶不及)입니다.

공자는 평소에 자장에게 세속적인 명예욕을 나무라면서 군자가 걸어야 할 길을 이야기했고, 자하에게는 지식만을 추구하는 데 급급하지 말고 인격 수양에 치중하는 군자가 될 것을 강조했습니다.

너무 지나친 것은 모자라는 것이나 마찬가지임을 의미하는 것으로 중용의 도를 강조한 것입니다.

속담과 고사성어

고사성어 중에는 우리 속담과 뜻이 같거나 비슷한 말이 많아요. 어떤 고사성어와 속담이 비슷한 뜻을 갖고 있는지 알아보아요.

- **말 한마디에 천 냥 빚도 갚는다**
  말만 잘하면 어려운 일이나 불가능해 보이는 일도 해결할 수 있다는 말.
  뜻이 같은 고사성어: 一字千金 일자천금

- **쇠뿔 잡다가 소 죽인다**
  어떤 사람의 결점이나 흠을 고치려다 정도가 지나쳐서 도리어 망치는 경우를 이르는 말.
  뜻이 같은 고사성어: 矯角殺牛 교각살우

- **아랫돌 빼서 윗돌 괴고 윗돌 빼서 아랫돌 괴기**
  급한 일을 임기응변으로 처리하는 것을 비유적으로 뜻하는 말.
  뜻이 같은 고사성어: 下石上臺 하석상대

- **세 살 버릇 여든까지 간다**
  어릴 때 몸에 밴 버릇은 죽을 때까지 고치기 어렵다는 말.
  뜻이 같은 고사성어: 三歲之習至于八十 삼세지습지우팔십

- **까마귀 날자 배 떨어진다**
  우연히 동시에 일어난 일로 의심을 받거나 곤란해진 상황을 이르는 말.
  뜻이 같은 고사성어: 烏飛梨落 오비이락

- **고생 끝에 낙이 온다**
  고된 일을 겪은 뒤에는 반드시 좋은 일이 생긴다는 말.
  뜻이 같은 고사성어: 苦盡甘來 고진감래

- **열 번 찍어 안 넘어가는 나무 없다**
  아무리 어려운 일이라도 여러 번 계속하면 이룰 수 있거나
  아무리 마음이 굳은 사람이라도 여러 번 이야기하면 마음이 변할 수 있음을 뜻하는 말.
  뜻이 같은 고사성어: 十伐之木 십벌지목

- **외손뼉이 소리 날까**
  한 손뼉만으로는 소리가 나지 않는다는 뜻으로, 혼자만으로는 어떤 일이 이루어지지 않음을 이르는 말.
  뜻이 같은 고사성어: 孤掌難鳴 고장난명

- **등잔 밑이 어둡다**
  가까이 있는 것을 오히려 잘 알기 어렵다는 말.
  뜻이 같은 고사성어: 燈下不明 등하불명

- **가재는 게 편**
  모양이나 형편이 서로 비슷하고 인연이 있는 것끼리 잘 어울리거나 감싸 준다는 말.
  뜻이 같은 고사성어: 類類相從 유유상종

- **낫 놓고 기역 자도 모른다**
  기역 자 모양으로 생긴 낫을 보고도 기역 자를 모른다는 뜻으로, 무식함을 뜻하는 말.
  뜻이 같은 고사성어: 目不識丁 목불식정

- **도둑을 맞으려면 개도 안 짖는다**
  운수가 나쁜 사람은 모든 일이 잘 되지 않음을 이르는 말.
  뜻이 같은 고사성어: 鷄卵有骨 계란유골

- **언 발에 오줌 누기**
  언 발에 오줌을 누는 것처럼 일시적인 해결책을 이르는 말.
  뜻이 같은 고사성어: 姑息之計 고식지계

- **우물 안 개구리**
  우물 속의 개구리처럼 넓은 세상의 형편을 알지 못함을 이르는 말.
  뜻이 같은 고사성어: 坐井觀天 좌정관천

- **쏘아 놓은 살이요 엎질러진 물이다**
  엎질러진 물을 다시 담을 수 없듯이 한번 저지른 일을 돌이킬 수 없다는 말.
  뜻이 같은 고사성어: 覆水難收 복수난수